.

CORPUS IURIS

„Das Recht schlägt das Unrecht"

Antike Vasenzeichnung

Eine Auswahl der Rechtsgrundsätze der Antike.
Übersetzt und mit dem Urtext herausgegeben
von Dr. Rudolf Düll im Ernst Heimeran Verlag

MÜNCHEN MCMXXXIX

Als im 12. und 13. Jahrhundert die Gesetzgebungssammlung des oströmischen Kaisers I u s t i n i a n (527—565 n. Chr.) an der Universität Bologna Gegenstand der wissenschaftlichen Forschung wurde und die Juristenwelt des ganzen Abendlandes in ihren Bann zog, bürgerte sich für das Gesamtwerk die Bezeichnung C o r p u s   I u r i s   C i v i l i s ein zur Unterscheidung von der um dieselbe Zeit entstehenden kirchlichen Gesetzgebungssammlung, dem Corpus Iuris Canonici. Die Bestandteile des Corpus Iuris Civilis sind:

1. die I n s t i t u t i o n e n , ein Lehrbuch in 4 Büchern, verfaßt von der Kommission Iustinians,

2. die D i g e s t e n oder P a n d e k t e n , eine Zusammenfassung des wesentlichen Inhalts der klassischen römischen Juristenschriften in 50 Büchern,

3. der C o d e x , eine Sammlung von Kaisererlassen seit Hadrian bis Iustinian in 12 Büchern,

4. die sog. N o v e l l e n (novellae leges), eine Sammlung späterer Gesetze Iustinians, meist in griechischer Sprache.

Durch die Kodifizierung des römischen Rechts erwarb sich der damals etwa 50jährige Kaiser ein unvergängliches Verdienst, dessen er sich wohl bewußt war und das zu rühmen die Nachwelt nicht müde wurde. Schon Dante hat ihn deswegen in seiner

Divina Commedia (III, 6) ins Paradies versetzt, und Goethe läßt im ersten Akt seines „Götz von Berlichingen" dem Kaiser als weisen Gesetzgeber huldigen. Raffaels Künstlerhand verherrlichte in den Stanzen des Vatikan den historischen Augenblick der Überreichung des Corpus Iuris an Iustinian, und auch die Neue Welt würdigte an hervorragender Stätte die grundlegende Bedeutung des römischen Rechts, indem sie an den berühmten Bronzetüren zum Obersten Gerichtshof in Washington, dem Supreme Court, neben der Darstellung des prätorischen Edikts und römischer Juristen den Überreichungsakt des Corpus Iuris in Erz bilden ließ. Im Mittelpunkt der genannten Gesetzgebungssammlung stehen die Digesten, die uns ansehnliche Stücke der klassischen Juristenschriften vermitteln, dazu wichtige Teile des prätorischen Edikts der Hadrianischen Fassung. Die Digestensammlung nennt sich daher in der amtlichen Einführung des Werkes „ius enucleatum ex omni vetere iure collectum". Die verantwortliche Leitung der Gesamtkodifikation lag in den Händen des kaiserlichen Kanzlers Tribonian, der mit dem Auftrag der Abfassung des Werkes zugleich die Weisung erhielt, bei im Lauf der Zeit veränderten Rechtseinrichtungen den Urtext der betreffenden Juristenschriften notfalls entsprechend zu verbessern. So entstanden die sogenannten Interpolationen, deren Vorkommen indes, wie sich immer mehr zeigt, nicht überschätzt werden darf. Drei Jahre arbeitete die mit ausgezeichneten Juristen besetzte Kommission, die nicht weniger als 2000 alte, zum Teil recht umfangreiche

Schriften zu sichten hatte; und bereits am 16. Dezember 533 bestätigte Iustinian die von der Kommission vorgelegten Digesten in der Konstitution „Tanta" und gab ihnen Gesetzeskraft mit dem 30. Dezember 533, zugleich mit den inzwischen fertiggestellten Institutionen. Im Jahre 534 folgte die Vollendung des Codex, den Iustinian an Stelle seines früheren inzwischen veralteten treten ließ, weshalb er die Bezeichnung 'Codex repetitae praelectionis' erhielt.

Nicht starre Dogmen, sondern lebensnahes Abwägen der jeweiligen Gesamtumstände, verantwortungsbewußtes Rechtsfinden für die besonderen Bedürfnisse des Einzelfalls bei aller Aufrechterhaltung der Grundsätze klaren und folgerichtigen Denkens beherrschen das klassische römische Recht. Die Durchdringung allen Handelns im Rechtsleben mit den Grundsätzen der Humanität, die Einordnung der Sonderinteressen in den Rahmen des allgemeinen Wohls, die Ablehnung jeder Unbilligkeit und Arglist und das Hervorkehren von Treu und Glauben, Anstand und Billigkeit sind Ausstrahlungen der mit höchstem sittlichen Ernst erfaßten Erkenntnislehren der griechischen Philosophie, wie sie besonders in der Ethik der stoischen Schule ausgebildet war. Zugleich haben sich die Juristen die Ergebnisse exakter wissenschaftlicher Forschung, insbesondere auf dem medizinischen Gebiet angeeignet. Die grundlegenden Gedanken des römischen Rechts haben auf die Rechtsentwicklung in sämtlichen Kulturstaaten der Welt ausgestrahlt, wenn auch die Intensität dieser Einwirkung im einzelnen verschieden war. Und wenn

auch heute das Recht des Corpus Iuris als solches keine Geltung mehr hat, so ist doch ein großer Teil seiner Rechtsgedanken Gemeingut aller geworden. Vor allem aber erblickt die Rechtswissenschaft der ganzen Welt in den römischen Juristen die ältesten Meister eines klaren und systematischen Rechtsdenkens. Sehr zutreffend hat H. St. Chamberlain in seinen „Grundlagen des 19. Jahrhunderts" im römischen Recht eine der Säulen unserer modernen Kultur erkannt, und die Nachwelt verneigt sich vor dem vorbildlichen und abgeklärten Gefüge des römischen Rechts in nicht geringerer Achtung wie vor den unübertroffenen Meisterwerken griechischer Kunst und Geisteswissenschaft.

Das juristische Schrifttum im alten Rom geht bis in die frühe republikanische Zeit zurück, doch ist aus der älteren Epoche nur Weniges überliefert. Der älteste Jurist, von dessen Werken Teile in die Sammlung Iustinians aufgenommen wurden, ist Q. Mucius Scaevola, ein Zeitgenosse Ciceros. Besonders bedeutsam wurde die Stellung der römischen Rechtsgelehrten seit Augustus, der zuerst befähigte Juristen privilegierte, öffentlich Rechtsgutachten mit verbindlicher Kraft abzugeben (ius respondendi). Um diese Zeit lebten die großen Juristen Labeo und Capito. Der Schule des ersteren entstammten Nerva und Proculus, der Capitos Massurius Sabinus. Proculus und Sabinus wurden zu Häuptern angesehener Rechtsschulen, die in einen gewissen Schulgegensatz traten, der jedoch langsam wieder verebbte. Die Blütezeit der klassischen römischen Rechtswissenschaft wird gewöhnlich

in die Zeit zwischen Hadrian und Alexander Severus
gelegt (etwa 120—235 n. Chr.), wo Namen wie Celsus,
Iulian, der Schöpfer des Hadrianischen Edikts, Pomponius, Marcellus, Gaius unter vielen anderen zu nennen sind, besonders aber das berühmte Dreigestirn
Papinian, Ulpian und Paulus, deren Haupttätigkeit
unter Septimius Severus (193—211) fällt. Als letzter
der klassischen Juristen gilt Modestin, ein Schüler
Ulpians. Die Sprache der Juristen ist vorwiegend das
klare Latein, das bewußt dem Griechischen vorge-
zogen wird. Nach Modestin beginnt die Periode des
Verfalls der römischen Rechtswissenschaft. Das ab-
solutistische Regime, das mit Diokletian in volle Erscheinung tritt, bereitet sich vor, und die Verleihung
des ius respondendi kommt in einer Zeit außer Übung,
wo die kaiserliche Majestät die gesamte Rechtsbil-
dung an sich zieht. Auch rein äußerlich ändert sich
die Form der Rechtsdenkmäler: an Stelle der klaren
und knappen Sprache der klassischen Juristen tritt
ein schwülstiger Hofstil, von dem wir auch im folgenden einige Proben bringen.

Der universelle Geist, der das klassisch-römische
Recht beherrscht, schöpft nicht nur aus rein römi-
schen Rechtsgedanken, sondern hat Einflüsse aus
Griechenland und aus den allenthalben beobachteten
Rechtsregeln der Gesamtantike in sich aufgenommen
und verarbeitet, einheitlich im Sinn des Gerechten
und Billigen gerundet und dadurch den vielgestaltigen
Teilen des römischen Weltreiches ein Recht gebracht,
das jedem verständlich sein mußte. Vieles ist mit der
Kultur, der es diente, abgestorben, manches hat die

neuere Zeit verbessernd ausgestaltet, aber ein großer Teil des Ganzen, vor allem im Privatrecht, lebt weiter als unübertroffenes Vorbild für das Recht aller Völker und Zeiten in nie erlöschendem Glanz.

Die folgende kleine Auswahl aus dem Corpus Iuris, vornehmlich aus den Digesten, wendet sich nicht nur an den Juristen, sondern an den besinnlichen Beobachter überhaupt. Er gewinnt Einblick in die Werkstätte des bonum et aequum und in so manches kulturgeschichtlich Reizvolle einer versunkenen Zeit. Scharf geschliffene Begriffsbestimmungen erfreuen nicht minder wie klare Folgerungen und das unablässige Bestreben, einer wahren Gerechtigkeit zum Siege zu verhelfen.

Das gesamte Corpus Iuris haben Otto, Schilling und Sintenis ins Deutsche übersetzt (Leipzig 1830—33; 7 Bände). Kann auch dieses Werk den Forschungsergebnissen eines Jahrhunderts nicht mehr in allen Punkten standhalten, so tut dies seiner Bedeutung als eines äußerst wertvollen Hilfsmittels keinen Abbruch. Ein Sonderwörterbuch zum Corpus Iuris wurde von Heumann-Seckel (Jena 1907) herausgegeben.

Rudolf Düll

I.
ALLGEMEINES

AUS DER KODIFIKATIONSGESCHICHTE

De conceptione Digestorum. Imperator Caesar F l a v i u s
I u s t i n i a n u s ... Triboniano quaestori Suo salutem. Deo
auctore nostrum gubernantes imperium, quod nobis a
caelesti maiestate traditum est, et bella feliciter per-
agimus et pacem decoramus et statum rei publicae
sustentamus: et ita nostros animos ad dei omnipoten-
tis erigimus adiutorium, ut neque armis confidamus
neque nostris militibus neque bellorum ducibus vel
nostro ingenio, sed omnem spem ad solam referamus
summae providentiam trinitatis: unde et mundi totius
elementa processerunt et eorum dispositio in orbem
terrarum producta est. Cum itaque nihil tam studio-
sum in omnibus rebus invenitur quam legum auctoritas, quae et divinas et humanas res bene disponit et
omnem iniquitatem expellit, repperimus autem omnem legum tramitem, qui ab urbe Roma condita et
Romuleis descendit temporibus, ita esse confusum,
ut in infinitum extendatur et nullius humanae na-
turae capacitate concludatur ... Iubemus igitur vobis
antiquorum prudentium, quibus auctoritatem con-
scribendarum interpretandarumque legum sacra-
tissimi principes praebuerunt, libros ad ius Romanum
pertinentes et legere et elimare, ut ex his omnis materia colligatur, nulla (secundum quod possibile est)
neque similitudine neque discordia derelicta, sed ex
his hoc colligi quod unum pro omnibus sufficiat. quia
autem et alii libros ad ius pertinentes scripserunt,
quorum scripturae a nullis auctoribus receptae nec
usitatae sunt, neque nos eorum volumina nostram in-

ASfgsdfg

AUS DER KODIFIKATIONSGESCHICHTE

Über die Abfassung der Digesten. Kaiser F l a v i u s I u s t i n i a n u s an seinen Kanzler Tribonian: Mit Gott regieren Wir Unser Reich, das Uns von der himmlischen Majestät übergeben ist, glücklich führen Wir die Kriege zu Ende, verschönern den Frieden und erhalten den Bestand Unseres Staats. Und so richten Wir Unseren Blick empor zur Hilfe des allmächtigen Gottes, daß Wir weder Unserer bewaffneten Macht noch Unseren Kriegsführern oder Unserer eigenen Vernunft vertrauen, sondern alle Hoffnung allein auf die Schicksalsfügung der göttlichen Dreieinigkeit setzen, von der die Grundlagen des ganzen Weltalls ausgingen und die Ordnung auf dem ganzen Erdkreis fortgeführt ist. Da nun unter allen Dingen nichts so beachtenswert erfunden wird als die Bedeutung der gesetzlichen Ordnung, welche die göttlichen und menschlichen Angelegenheiten weise regelt und jederlei Unbilligkeit beseitigt, Wir aber gefunden haben, daß die ganze Kette der gesetzlichen Regelung, die sich seit Gründung Roms und den Zeiten des Romulus herabzieht, so unübersichtlich geworden ist, daß man keine feste Grenze mehr erkennt und kein Mensch mehr imstande ist, sie zu umfassen, ... so befehlen Wir euch, die Schriften der alten Rechtsgelehrten, welchen die verewigten Kaiser das Recht verliehen haben, Juristenrecht zu schaffen und zu erläutern, soweit sie römisches Recht betreffen, zu sammeln und zu reinigen, damit aus diesen der gesamte Stoff gesichtet wird und kein Gegenstand, soweit möglich, übersehen wird, weder ein ähn-

quietare dignamur sanctionem. Cumque haec materia summa numinis liberalitate collecta fuerit, oportet eam pulcherrimo opere extruere et quasi proprium et sanctissimum templum iustitiae consecrare et in libros quinquaginta et certos titulos totum ius digerere, tam secundum nostri constitutionum codicis quam edicti perpetui imitationem, prout hoc vobis commodius esse patuerit, ut nihil extra memoratam consummationem possit esse derelictum, sed his quinquaginta libris totum ius antiquum, per millesimum et quadringentesimum paene annum confusum et a nobis purgatum, quasi quodam muro vallatum nihil extra se habeat. . . . Nostram autem consummationem, quae a vobis deo adnuente componetur, digestorum vel pandectarum nomen habere sancimus.

De confirmatione Digestorum. In nomine domini Dei Nostri Ihesu Christi. Imperator Caesar F l a v i u s I u s t i n i a n u s . . . ad senatum et omnes populos . . . a praefato viro excelso suggestum est duo paene milia librorum esse conscripta et plus quam trecenties decem milia ver-

licher noch ein verschiedener, sondern daß aus diesen Schriften das Ergebnis gesammelt wird, das als Einheit für alle bestimmt ist. Da aber auch noch Andere Rechtsbücher geschrieben haben, deren Erzeugnisse jedoch von Gewährsleuten weder anerkannt noch gebraucht werden, so geruhen auch Wir zu bestimmen, daß deren Arbeiten Unsere Anordnung nicht beunruhigen sollen. Und wenn dieses Unser Material mit vollkommenster Hilfe des Allmächtigen gesammelt sein wird, so soll man es in ein ganz herrliches Werk aufnehmen und dafür gewissermaßen einen eigenen hochheiligen Tempel der Gerechtigkeit weihen und das Ganze in 50 Bücher und in bestimmte Titel abteilen, ähnlich wie den Band Unserer (alten) Codexkonstitutionen oder das Abgeschlossene Ediktswerk (Hadrians), wie dies euch zweckmäßiger erscheinen wird, damit nichts außerhalb der erwähnten Zusammenfassung bleiben kann, daß vielmehr in diesen 50 Büchern das ganze alte Recht, das seit fast 1400 Jahren verstreut ist und von euch gereinigt wird, gewissermaßen mit festem Wall umgeben nichts mehr außerhalb desselben läßt ... Unserem Gesamtwerk aber, das ihr mit Gottes Hilfe vollenden möget, wünschen Wir den Namen Digesten oder Pandekten zu geben.

Über die Bestätigung der Digesten. Im Namen Unseres Herrn Jesu Christi. Kaiser F l a v i u s I u s t i n i a n u s an den Senat und an alle Völker: Von der vorerwähnten Exzellenz wurde Uns berichtet, daß fast 2000 Bücher geschrieben und daß mehr als 3 Millionen Zeilen von

suum a veteribus effusa, quae necesse esset omnia et legere et perscrutari et ex his si quid optimum fuisset eligere. quod caelesti fulgore et summae trinitatis favore confectum est secundum nostra mandata, quae ab initio ad memoratum virum excelsum fecimus, et in quinquaginta libros omne quod utilissimum erat collectum est et omnes ambiguitates decisae nullo seditioso relicto. . . . Tanta autem nobis antiquitati habita est reverentia, ut nomina prudentium taciturnitati tradere nullo patiamur modo: sed unusquisque eorum, qui auctor legis fuit, nostris digestis inscriptus est: hoc tantummodo a nobis effecto, ut, si quid in legibus eorum vel supervacuum vel inperfectum vel minus idoneum visum est, vel adiectionem vel deminutionem necessariam accipiat et rectissimis tradatur regulis. . . . Ne autem incognitum vobis fiat, ex quibus veterum libris haec consummatio ordinata est, iussimus et hoc in primordiis digestorum nostrorum inscribi, ut manifestissimum sit, ex quibus legislatoribus quibusque libris eorum et quot milibus hoc iustitiae Romanae templum aedificatum est.

Imperator Caesar F l a v i u s I u s t i n i a n u s . . . cupidae legum iuventuti. Igitur post libros quinquaginta digesto-

alten Juristenschriften herausgekommen waren, die
alle durchgelesen und durchforscht werden mußten zu
dem Zweck, jeweils das Beste auszuwählen. Dies ist
mit göttlicher Erleuchtung und der Gnade der höchsten Dreieinigkeit vollendet worden gemäß Unserer
ersten Anordnung an Exzellenz Tribonian und alles,
was sich als das Brauchbarste erwiesen hat, ist in
50 Bücher zusammengestellt worden und sämtliche
Zweifelsfragen sind entschieden, ohne daß eine einzige
Unstimmigkeit zurückbliebe.... Für das Altertum
aber haben Wir eine so große Ehrfurcht gezeigt, daß
Wir keineswegs gestatten, die Namen der Rechtsgelehrten der Vergessenheit anheimfallen zu lassen;
vielmehr ist jeder Jurist, von dem die fragliche Bestimmung stammt, Unseren Digesten vorangeschrie-
ben. Doch ist dies nur insoweit von Uns übernommen,
daß es, wenn in deren Rechtsausführungen etwas über-
flüssig oder unvollkommen oder weniger geeignet zu
sein schien, in erforderlicher Weise ergänzt oder ein-
geschränkt und so den zweckmäßigsten Rechtsregeln
zugeführt wurde.... Und damit euch nicht unbe-
kannt bleibt, aus welchen Schriften der Alten diese
Zusammenfassung aufgebaut ist, haben Wir auch dies
am Anfang Unserer Digesten zu vermerken angeordnet, damit ganz klar ist, wer die Gesetzgeber, welches
ihre Schriften sind und mit wieviel Tausenden davon dieser Tempel der römischen Gerechtigkeit er-
baut ist.

I u s t i n i a n an die jungen Rechtsbeflissenen: So haben
Wir nach Abfassung der 50 Bücher der Digesten oder

rum seu pandectarum, in quos omne ius antiquum collatum est (quos per eundem virum excelsum Tribonianum nec non ceteros viros illustres et facundissimos confecimus), in hos quattuor libros easdem institutiones partiri iussimus, ut sint totius legitimae scientiae prima elementa. . . . Summa itaque ope et alacri studio has leges nostras accipite et vosmet ipsos sic eruditos ostendite, ut spes vos pulcherrima foveat toto legitimo opere perfecto posse etiam nostram rem publicam in partibus eius vobis credendis gubernare.

ÄLTESTES RÖMISCHES RECHT
FREMDE EINFLÜSSE

Pomponius libro singulari enchiridii Necessarium itaque nobis videtur ipsius iuris orginem atque processum demonstrare. Et quidem initio civitatis nostrae populus sine lege certa, sine iure certo primum agere instituit omniaque manu a regibus gubernabantur. Postea aucta ad aliquem modum civitate ipsum Romulum traditur populum in triginta partes divisisse, quas partes curias appellavit propterea, quod tunc rei publicae curam per sententias partium earum expediebat. et ita leges quasdam et ipse curiatas ad populum tulit: tulerunt et sequentes reges. quae omnes conscriptae exstant in libro Sexti Papirii . . . Exactis deinde regibus lege tribunicia omnes leges hae

Pandekten, in welche das gesamte alte Recht aufgenommen ist (die Wir ebenfalls durch Exzellenz Tribonian und andere ganz hervorragende und fähige
Männer haben erstellen lassen), auch die Institutionen in diese 4 Bücher einteilen lassen; sie sollen das
Einführungslehrbuch für den gesamten amtlichen
Unterricht in der Rechtswissenschaft sein. . . . Eignet
euch daher mit Nachdruck und freudigem Eifer diese
Unsere Gesetze an und zeigt euch in deren Kenntnis
so beschlagen, daß euch die schönste Hoffnung win-
ken möge, so daß ihr, wenn euer ganzer gesetzlicher
Lehrgang zu Ende ist, in der Lage seid, auch Unseren
Staat auf den Gebieten, die man euch anvertrauen
wird, zu leiten!

ÄLTESTES RÖMISCHES RECHT
FREMDE EINFLÜSSE

P o m p o n i u s in der Sonderschrift seines Handbuchs: Es
erscheint mir also notwendig, den Ursprung und die
Weiterentwicklung unseres Rechts darzulegen. Zu Beginn unseres Staatswesens wickelte das Volk ohne ein
bestimmtes Gesetz und ohne geschriebenes Recht zunächst seine Angelegenheiten ab und alles unterlag
der Verwaltung durch die Macht der Könige. Als dann
der Staat bis zu einem gewissen Grad sich vergrößert
hatte, soll Romulus selbst das Volk in 30 Abteilungen
gegliedert haben, die er Kurien nannte, deswegen,
weil er damals die Sorge für den Staat durch die Ab-
stimmung dieser Abteilungen erledigen ließ. Auch
brachte er selbst gewisse Gesetzesvorschläge der Ku-

exoleverunt iterumque coepit populus Romanus incerto magis iure et consuetudine aliqua uti quam per
latam legem, idque prope viginti annis passus est.
Postea ne diutius hoc fieret, placuit publica auctoritate decem constitui viros, per quos peterentur leges
a Graecis civitatibus et civitas fundaretur legibus:
quas in tabulas eboreas perscriptas pro rostris composuerunt, ut possint leges apertius percipi: datumque est eis ius eo anno in civitate summum, uti leges
et corrigerent, si opus esset, et interpretarentur neque
provocatio ab eis sicut a reliquis magistratibus fieret.
qui ipsi animadverterunt aliquid deesse istis primis
legibus ideoque sequenti anno alias duas ad easdem
tabulas adiecerunt: et ita ex accedenti appellatae sunt
leges duodecim tabularum. quarum ferendarum auctorem fuisse decemviris Hermodorum quendam Ephesium exulantem in Italia quidam rettulerunt. His legibus latis coepit (ut naturaliter evenire solet, ut interpretatio desideraret prudentium auctoritatem) necessariam esse disputationem fori.

D. 1, 2, 2.

rien an das Gesamtvolk und dies taten auch die folgenden Könige. Alle diese Gesetze sind gesammelt im Buch des Sextus Papirius.... Als nun das Königtum abgeschafft war durch das von den Volkstribunen beantragte Gesetz, kamen alle die erwähnten Gesetze außer Gebrauch und das römische Volk begann wieder mehr in einem unsicheren Rechtszustand und nach Gewohnheitsrecht zu leben als nach geschriebenem Gesetz und dies währte nahezu 20 Jahre lang (irrig: 50 Jahre!). Sodann aber wurden, damit dieser Zustand nicht länger dauere, Zehnmänner mit Ermächtigung des Volkes bestellt, welche die griechischen Staaten um Rechtserteilung angehen und damit das Staatswesen auf Gesetze gründen sollten. Diese Gesetze schrieben sie auf Elfenbeintafeln und stellten sie vor der Rednerbühne auf, damit man sich den Gesetzesinhalt bequem aneignen könnte. Diesen Zehnmännern wurde auch in diesem Jahre das Recht verliehen, das höchste in diesem Staat, daß sie, wenn nötig, die Gesetze verbessern und sie auslegen dürften und (vor allem) daß gegen ihre Amtsführung keine Volksanrufung statthaft sei, wie sie bei den übrigen Beamten zulässig ist. Als nun die Zehnmänner selbst bemerkten, daß jenen ersten Gesetzestafeln manches fehlte, fügten sie im folgenden Jahr noch zwei weitere Tafeln hinzu, und so nannte man das ganze Werk nach der Ergänzung das Zwölftafelgesetz. Bei Herstellung dieser Gesetze soll nach Bericht einiger ein gewisser Hermodorus aus Ephesus, der als Verbannter in Italien lebte, den Hauptanteil gehabt haben. Als dieses Gesetz gegeben war, erwies sich eine Aus-

nam origo eius ab institutis duarum civitatium,
Athenarum scilicet et Lacedaemonis, fluxisse videtur: in his enim civitatibus ita agi solitum erat, ut
Lacedaemonii quidem magis ea, quae pro legibus ob-
servarent, memoriae mandarent, Athenienses vero
ea, quae in legibus scripta reprehendissent custodi-
rent.

Inst. 1, 2, 10.

Gaius libro quarto ad legem duodecim tabularum So-
dales sunt, qui eiusdem collegii sunt: quam Graeci
ἑταιρείαν vocant. his autem potestatem facit lex
pactionem quam velint sibi ferre, dum ne quid ex
publica lege corrumpant. sed haec lex videtur ex lege
Solonis tralata esse. nam illuc ita est: ἐὰν δὲ δῆμος
ἢ φράτορες ἢ ἱερῶν ὀργίων ἢ ναῦται ἢ σύσσιτοι
ἢ ὁμόταφοι ἢ θιασῶται ἢ ἐπὶ λείαν οἰχόμενοι ἢ
εἰς ἐμπορίαν, ὅτι ἂν τούτων διαθῶνται πρὸς ἀλλή-
λους, κύριον εἶναι, ἐὰν μὴ ἀπαγορεύσῃ δημόσια
γράμματα.

D. 47, 22, 4.

legung für die Praxis als notwendig und es ist eine ganz natürliche Erscheinung, daß die Auslegung des Gesetzes die Autorität des Standes der Rechtsgelehrten erforderte.

Der Ursprung des römischen Rechts scheint aus Rechtseinrichtungen zweier Staaten gekommen zu sein, nämlich von Athen und Sparta. In diesen Staaten nämlich bestand folgende Übung: die Spartaner wahrten mit Vorliebe das, was sie als Gesetz beachteten, durch mündliche Überlieferung; die Athener dagegen beachteten das, was sie geschrieben in Gesetzen niedergelegt und gebilligt hatten.

G a i u s im 4. Buch zum Zwölftafelgesetz: Vereinsmitglieder sind die, welche dem gleichen Verein angehören. Die Griechen sprechen hier von einer Hetairie. Diesen Mitgliedern gewährt aber das Gesetz das Recht, sich eine Satzung zu geben, wie sie es wollen, wenn sie dabei nur den Vorschriften des öffentlichen Rechts nicht zuwiderhandeln. Diese Bestimmung scheint mir indes aus dem Solonischen Gesetz entnommen zu sein. Dort steht nämlich folgendes: „Wenn sich Leute aus einem Gau oder einer Sippschaft oder Opferdiener oder Seeleute oder Stammtischfreunde oder solche, die zusammen begraben werden wollen, oder Freunde religiöser Übungen oder Erwerbs- und Geschäftsinteressenten zusammenschließen, so hat das, was diese unter sich als Recht untereinander bestimmen, Gültigkeit, unter der Voraussetzung, daß die öffentlichen Rechtsvorschriften dies nicht verbieten."

G a i u s libro quarto ad legem duodecim tabularum Sciendum est in actione finium regundorum illud observandum esse, quod ad exemplum quodammodo eius legis scriptum est, quam Athenis Solonem dicitur tulisse: nam illic ita est: ἐάν τις αἱμασιὰν παρ᾽ ἀλλοτρίῳ χωρίῳ ὀρύττῃ, τὸν ὅρον μὴ παραβαίνειν· ἐὰν τειχίον, πόδα ἀπολείπειν· ἐὰν δὲ οἴκημα, δύο πόδας, ἐὰν δὲ τάφον ἢ βόθρον ὀρύττῃ, ὅσον τὸ βάθος ᾖ, τοσοῦτον ἀπολείπειν· ἐὰν δὲ φρέαρ, ὀργυιάν. ἐλαίαν δὲ καὶ συκῆν ἐννέα πόδας ἀπὸ τοῦ ἀλλοτρίου φυτεύειν, τὰ δὲ ἄλλα δένδρα πέντε πόδας.

D. 10, 1, 13.

V o l u s i u s M a e c i a n u s ex lege Rhodia Ἀξίωσις Εὐδαίμονος Νικομηδέως πρὸς Ἀντωνῖνον βασιλέα· Κύριε βασιλεῦ Ἀντωνῖνε, ναυφράγιον ποιήσαντες ἐν τῇ Ἰταλίᾳ διηρπάγημεν ὑπὸ τῶν δημοσίων τῶν τὰς Κυκλάδας νήσους οἰκούντων. Ἀντωνῖνος εἶπεν Εὐδαίμονι· ἐγὼ μὲν τοῦ κόσμου κύριος, ὁ δὲ νόμος τῆς θαλάσσης. τῷ νόμῳ τῶν Ῥοδίων κρινέσθω τῷ ναυτικῷ, ἐν οἷς μήτις τῶν ἡμετέρων αὐτῷ νόμος ἐναντιοῦται. τοῦτο δὲ αὐτὸ καὶ ὁ θειότατος Αὔγουστος ἔκρινεν.

D. 14, 2, 9.

G a i u s im 4. Buch zum Zwölftafelgesetz: Man muß zur Grenzregulierungsklage beachten, daß sie gewissermaßen das Abbild jenes Gesetzes ist, das Solon für Athen gegeben haben soll. Dort steht nämlich: „Wenn jemand neben einem fremden Grundstück einen Zaun errichtet, darf er ihn nicht über die Grenze rücken. Errichtet er eine Mauer, muß er einen Fuß zurückbleiben, bei einem Haus aber muß er 2 Fuß Zwischenraum wahren. Stellt er einen Graben oder eine Grube her, muß er damit so weit zurück, als die Anlage tief ist. Bei einem Brunnen aber beträgt der Abstand 6 Fuß. Ein Ölbaum oder ein Feigenbaum müssen in 9 Fuß Abstand von der Nachbargrenze gepflanzt werden, die übrigen Bäume in 5 Fuß Abstand.

V o l u s i u s M a e c i a n zum Rhodischen Gesetz: Die Eingabe des Eudaimon aus Nicomedia an den Kaiser Antonin: Kaiserlicher Herr Antoninus, wir haben Schiffbruch erlitten in Italien und wurden sodann von Zollpächtern, die auf den Kykladeninseln sitzen, ausgeraubt. Antoninus antwortete: „Ich bin wohl Herr der Erde, Herr über das Meer aber ist das Gesetz. Nach diesem Rhodischen Gesetz über die Verluste zur See soll die Sache entschieden werden, soweit nicht eine unserer besonderen Bestimmungen dem entgegensteht. Und in diesem Sinn hat auch bereits der göttlichste Augustus entschieden.“

RECHTSQUELLEN
EINTEILUNG DES RECHTS

I u l i a n u s libro LXXXIIII digestorum De quibus causis scriptis legibus non utimur, id custodiri oportet, quod moribus et consuetudine inductum est. . . . Inveterata consuetudo pro lege non immerito custoditur, et hoc est ius quod dicitur moribus constitutum.

D. 1, 3, 32.

U l p i a n u s libro primo institutionum Hoc igitur ius nostrum constat aut ex scripto aut sine scripto, ut apud Graecos: τῶν νόμων οἱ μὲν ἔγγραφοι, οἱ δὲ ἄγραφοι.

D. 1, 1, 6, 1.

P a p i n i a n u s libro primo definitionum Lex est commune praeceptum.

D. 1, 3, 1.

U l p i a n u s libro XVI ad edictum Non ambigitur senatum ius facere posse.

D. 1, 3, 9.

P o m p o n i u s libro singulari enchiridii Eodem tempore et magistratus iura reddebant et ut scirent cives, quod ius de quaque re quisque dicturus esset, seque praemunirent, edicta proponebant.

D. 1, 2, 2, 10.

P a p i n i a n u s libro secundo definitionum Ius praetorium est, quod praetores introduxerunt adiuvandi vel

RECHTSQUELLEN
EINTEILUNG DES RECHTS

I u l i a n im 84. Buch seiner Digesten: In den Fällen, wo
wir kein geschriebenes Recht besitzen, muß man beachten, was durch Sitte und lange Gewohnheit eingeführt ist. . . . Die fest eingewurzelte Gewohnheit wird
ganz zutreffend wie ein Gesetz beachtet und das ist
Recht, von dem man sagen kann, daß es durch langen
Gebrauch festgelegt ist.

U l p i a n im 1. Buch seiner Einführung: Dieses unser
Recht besteht aus Geschriebenem oder Ungeschrie-
benem, wie auch die Griechen sagen: von den Gesetzen
sind die einen geschrieben, die anderen ungeschrieben.

P a p i n i a n im 1. Buch seiner Begriffe: Eine allgemein
verbindliche Rechtsvorschrift ist das Gesetz.

U l p i a n im 16. Buch zum Edikt: Es kann gar keinem
Zweifel unterliegen, daß auch der Senat Recht setzen
kann.

P o m p o n i u s in seiner Sonderschrift des Handbuchs:
Damals gaben auch Beamte Rechtsvorschriften und,
damit die Bürger wußten, welches Recht in jeder
Sache jeder Beamte sprechen werde und sich entsprechend vorsehen konnten, stellten die Beamten
öffentlich Edikte auf.

P a p i n i a n im 2. Buch seiner Begriffsbestimmungen: Prä-
torisches Recht ist jenes, welches die Prätoren ein-

supplendi vel corrigendi iuris civilis gratia propter
utilitatem publicam.

D. 1, 1, 7, 1.

P o m p o n i u s libro singulari enchiridii. primus divus
Augustus, ut maior iuris auctoritas haberetur, constituit, ut ex auctoritate eius responderent: et ex illo
tempore peti hoc pro beneficio coepit.

D. 1, 2, 2, 49.

P a p i n i a n u s libro primo definitionum Lex est . . .
virorum prudentium consultum.

D. 1, 3, 1.

U l p i a n u s libro primo institutionum Quod principi
placuit, legis habet vigorem. D. 1, 4, 1.

G a i u s libro primo institutionum Omnes populi, qui
legibus et moribus reguntur, partim suo proprio, partim communi omnium hominum iure utuntur. nam
quod quisque populus ipse sibi ius constituit, id ipsius
proprium civitatis est vocaturque ius civile, quasi ius
proprium ipsius civitatis: quod vero naturalis ratio
inter omnes homines constituit, id apud omnes perae-
que custoditur vocaturque ius gentium, quasi quo
iure omnes gentes utuntur.

D. 1, 1, 9.

führten, um das Zivilrecht im Interesse des öffentlichen Nutzens zu unterstützen, auszugestalten oder
zu ändern.

P o m p o n i u s in seiner Sonderschrift des Handbuchs:
Als erster hat der verewigte Augustus, damit der Ein-
fluß der Rechtsgelehrsamkeit sich steigere, angeordnet, daß die Rechtsgelehrten kraft seiner besonderen
Ermächtigung Rechtsgutachten erteilten, und von dieser Zeit an begann man damit, um diese Ermächtigung
als um eine besondere Vergünstigung nachzusuchen.

P a p i n i a n im 1. Buch seiner Begriffsbestimmungen:
Bindendes Recht ist auch das Rechtsgutachten der
Rechtsgelehrten.

U l p i a n im 1. Buch seines Lehrbuchs: Was der Kaiser anordnet, hat Gesetzeskraft.

G a i u s im 1. Buch seines Lehrbuchs: Alle Völker, die
nach Gesetzen und nach Gewohnheitsrecht geleitet
werden, leben teilweise nach ihrem eigenen nationalen
Recht, teils nach Rechtsvorschriften, die allen Menschen gemeinsam sind. Denn das Recht, das sich jedes
Volk selbst bestimmt hat, ist sein eigenes nationales
Recht und als ius civile zu bezeichnen, gewissermaßen das eigene Recht eben dieses Staates. Was aber
die natürliche Vernunft unter allen Menschen als
Recht bestimmt hat, das wird bei allen in gleicher
Weise beachtet, und man nennt dies das Allnationenrecht, weil von diesem Recht gewissermaßen alle Völker Gebrauch machen.

Pomponius libro singulari enchiridii Veluti erga deum religio: ut parentibus et patriae pareamus:

Florentinus libro primo institutionum ut vim atque iniuriam propulsemus: nam iure hoc evenit, ut quod quisque ob tutelam corporis sui fecerit, iure fecisse existimetur, et cum inter nos cognationem quandam natura constituit, consequens est hominem homini insidiari nefas esse.   D. 1, 1, 2; D. 1, 1, 3.

Ulpianus libro primo institutionum Manumissiones quoque iuris gentium sunt.   D. 1, 1, 4.

Hermogenianus libro primo iuris epitomarum Ex hoc iure gentium introducta bella, discretae gentes, regna condita, dominia distincta..., commercium, emptiones venditiones, locationes conductiones, obligationes institutae: exceptis quibusdam quae iure civili introductae sunt.   D. 1, 1, 5.

Ulpianus libro primo institutionum publicum ius est quod ad statum rei Romanae spectat, privatum quod ad singulorum utilitatem. publicum ius in sacris, in sacerdotibus, in magistratibus consistit.... Ius naturale est, quod natura omnia animalia docuit....

P o m p o n i u s in der Sonderschrift des Handbuchs: Darunter fällt die Verehrung der Gottheit, der Gehorsam den Eltern und dem Vaterland gegenüber.

F l o r e n t i n im 1. Buch seiner Einführung: Weiterhin, wenn wir uns der Gewalt und des Unrechts erwehren: denn es wird allgemein als Recht empfunden, was jemand zur Verteidigung seiner Person hat tun müssen. Denn da die Natur unter uns Menschen eine gewisse Verwandtschaft geschaffen hat, muß daraus folgen, daß es unrecht wäre, wenn ein Mensch über den anderen herfallen dürfte.

U l p i a n im 1. Buch seines Lehrbuchs: Auch daß man Sklaven die Freiheit geben kann, gehört dem Allnationenrecht an.

H e r m o g e n i a n im 1. Buch seiner kurzen Rechtsausführungen: Aus dem Allnationenrecht ist auch das Kriegsrecht eingeführt, die Anerkennung der verschiedenen Völker und der verschiedenen Regierungsformen.... das Recht des Handels, Kauf und Miete und die in Übung befindlichen Verpflichtungsgründe mit Ausnahme einiger, welche durch nationales Recht eingeführt sind.

U l p i a n im 1. Buch seiner Einführung: Öffentliches Recht ist jenes, welches sich auf den Bestand des römischen Staats bezieht, privates jenes, was Nutz und Frommen des einzelnen zum Gegenstand hat.... Das öffentliche Recht bezieht sich auch auf den Kult,

31

hinc descendit maris atque feminae coniunctio, quam nos matrimonium appellamus, hinc liberorum procreatio, hinc educatio.

D. 1, 1, 1, 2.

ZWECK DER RECHTSVORSCHRIFTEN; PHILOSOPHISCHES

Marcianus libro primo institutionum Nam et Demosthenes orator sic definit: τοῦτό ἐστι νόμος, ᾧ πάντας ἀνθρώπους προσήκει πείθεσθαι διὰ πολλά, καὶ μάλιστα ὅτι πᾶς ἐστι νόμος εὕρημα μὲν καὶ δῶρον θεοῦ, δόγμα δὲ ἀνθρώπων φρονίμων, ἐπανόρθωμα δὲ τῶν ἑκουσίων καὶ ἀκουσίων ἁμαρτημάτων, πόλεως δὲ συνθήκη κοινή, καθ᾽ ἣν ἅπασι προσήκει ζῆν τοῖς ἐν τῇ πόλει. sed et philosophus summae stoicae sapientiae Chrysippus sic incipit libro, quem fecit περὶ νόμου: ὁ νόμος πάντων ἐστὶ βασιλεὺς θείων τε καὶ ἀνθρωπίνων πραγμάτων· δεῖ δὲ αὐτὸν προστάτην τε εἶναι τῶν καλῶν καὶ τῶν αἰσχρῶν καὶ ἄρχοντα καὶ ἡγεμόνα, καὶ κατὰ τοῦτο κανόνα τε εἶναι δικαίων καὶ ἀδίκων καὶ τῶν φύσει πολιτικῶν ζῴων, προστακτικὸν μὲν ὧν ποιητέον, ἀπαγορευτικὸν δὲ ὧν οὐ ποιητέον.

D. 1, 3, 2.

die Priesterschaft und die Beamtenschaft. . . . Natürliches Recht ist jenes, dem von Natur aus alle Lebewesen folgen. . . . Dazu gehört die Verbindung der
Geschlechter, die wir (bei den Menschen) Ehe nennen,
die Erzeugung der Nachkommenschaft und deren Auf-
zucht.

ZWECK DER RECHTSVORSCHRIFTEN; PHILOSOPHISCHES

Marcian im 1. Buch seiner Einführung: Auch der Red-
ner Demosthenes gibt folgende Begriffsbestimmung:
„Das ist das Wesentliche des Gesetzes, daß ihm ganz
allgemein alle Menschen gehorchen müssen und ganz
besonders deshalb, weil jedes Gesetz eine Schöpfung
und ein Geschenk der Gottheit ist, die Stimme der
verständigen Menschen, die Hilfe gegen alle die, welche absichtlich oder unfreiwillig zuwiderhandeln, die
gemeinsame Übereinkunft im Staat, die maßgebend
ist für alle, die im Staate leben." Aber auch der Philo-
soph der höchsten stoischen Weisheit, Chrysippus, beginnt sein Buch über das Gesetz mit folgenden Worten: „Das Gesetz ist der König aller göttlichen und
menschlichen Dinge; es muß Gewalt haben über Gute
und Schlechte und muß Führer und Herr sein und für
die Lebewesen, die von Natur aus gesellig zusammen-
leben, muß es als Richtschnur bestehen für Gerechte
und Ungerechte, es muß anordnen, was getan werden muß und muß andererseits verbieten, was nicht
geschehen darf."

Paulus libro XVII ad Plautium *Tὸ γὰϱ ἅπαξ ἢ δίς,*
ut ait Theophrastus, *παϱαβαίνουσιν οἱ νομοθέται.*

D. 1, 3, 6.

Pomponius libro vicensimo quinto ad Sabinum Iura
constitui oportet, ut dixit Theophrastus, in his, quae
ἐπὶ τὸ πλεῖστον accidunt, non quae *ἐϰ παϱαλόγου.*

D. 1, 3, 3.

Ulpianus libro primo regularum Iustitia est constans
et perpetua voluntas ius suum cuique tribuendi. Iuris
praecepta sunt haec: honeste vivere, alterum non
laedere, suum cuique tribuere. Iuris prudentia est
divinarum atque humanarum rerum notitia, iusti atque iniusti scientia. D. 1, 1, 10.

HOHER PFLICHTENKREIS
DER RECHTSGELEHRTEN

Ulpianus libro primo institutionum Iuri operam da-
turum prius nosse oportet, unde nomen iuris descendat. est autem a iustitia appellatum: nam, ut ele-
ganter Celsus definit, ius est ars boni et aequi. Cuius
merito quis nos sacerdotes appellet: iustitiam namque
colimus et boni et aequi notitiam profitemur, aequum
ab iniquo separantes, licitum ab illicito discernentes,
bonos non solum metu poenarum, verum etiam prae-

P a u l u s im 17. Buch zu Plautius: Was ein- oder zweimal nur vorkommt, sagt Theophrastus, das übergehen
die Gesetzgeber.

P o m p o n i u s im 25. Buch zu Sabinus: Das Recht muß
abgestellt sein, wie Theophrastus meinte, auf Fälle,
welche sich regelmäßig abspielen, nicht auf die, welche
der allgemeinen Übung entgegen sind.

U l p i a n im 1. Buch der Rechtsregeln: Gerechtigkeit ist
der beständige und dauernde Wille, jedem das ihm
Gebührende zuzuteilen. Die Gebote des Rechts sind
folgende: ehrenhaft leben, den Nächsten nicht verletzen und jedem das Seine zukommen zu lassen. Die
Rechtswissenschaft ist die Kenntnis der göttlichen
und der menschlichen Dinge, die Wissenschaft dessen,
was Recht und was Unrecht ist.

HOHER PFLICHTENKREIS
DER RECHTSGELEHRTEN

U l p i a n im 1. Buch seiner Einführung: Wer sich mit
dem Recht befaßt, muß zunächst wissen, woher der
Name „Recht" kommt. Er geht aus von der Gerechtigkeit; denn Recht ist, wie Celsus zutreffend und gewählt lehrt, die Kunst des Guten und des Angemessenen (des Billigen). Deshalb mag man uns Rechts-
gelehrte Priester nennen, denn wir sind es, die die Gerechtigkeit pflegen und uns öffentlich zur Kenntnis
des Guten und des Billigen bekennen, das Angemessene vom Unbilligen trennen, das Erlaubte vom Ver-

miorum quoque exhortatione efficere cupientes, veram nisi fallor philosophiam, non simulatam affectantes.

D. 1, 1, 1.

P o m p o n i u s libro septimo epistularum Nam ego discendi cupiditate, quam solam vivendi rationem optimam in octavum et septuagesimum annum aetatis duxi, memor sum eius sententiae, qui dixisse fertur: κἂν τὸν ἕτερον πόδα ἐν τῇ σορῷ ἔχω, προσμαθεῖν τι βουλοίμην.

D. 40, 5, 20.

AUS DER ÖFFENTLICHEN TÄTIGKEIT DER JURISTEN

U l p i a n u s libro undecimo ad edictum ... scio ... praetorem me adsidente interlocutum esse ...

D. 4, 2, 9, 3.

P a u l u s libro quinto quaestionum ... cum emptor pretium ... iudicio repeteret, lectum est responsum Domitii Ulpiani ...

D. 19, 1, 43.

U l p i a n u s libro undecimo ad edictum ... unde illud non ineleganter Celsus epistularum libro undecimo et digestorum secundo tractat, ex facto a Flavio Respecto praetore consultus.

D. 4, 4, 3, 1.

36

botenen scheiden, die sich als Ziel setzen, die Menschen gut zu machen, und zwar nicht nur durch Erregung von Furcht vor Strafen, sondern auch durch Aufmunterung zur Erringung von Vorteilen. Damit streben wir, wenn ich nicht irre, einer wahren Philosophie nach, nicht einer eingebildeten.

P o m p o n i u s im 7. Buch seiner Briefe: Aus der Begierde heraus, etwas zu lernen, die ich mir allein als den schönsten Lebenszweck bis in dieses mein 78. Lebensjahr bewahrt habe, bin ich mir bewußt der Ansicht jenes Mannes, der gesagt haben soll: selbst wenn ich schon mit einem Fuß im Grabe stehe, so möchte ich doch immer noch etwas Neues hinzulernen.

AUS DER ÖFFENTLICHEN TÄTIGKEIT
DER JURISTEN

U l p i a n im 11. Buch zum Edikt: ... ich weiß, daß der Prätor unter meinem Beisitz den Zwischenbescheid erteilt hat. ...

P a u l u s im 5. Buch der Untersuchungen: ... Als der Käufer ... den Kaufpreis zurückverlangte, kam im Prozeß ein Rechtsgutachten des Domitius Ulpianus zur Verlesung.

U l p i a n im 11. Buch zum Edikt: ... und dies behandelt sehr gewählt Celsus im 11. Buch seiner Briefe und im zweiten seiner Digesten, der mit Rücksicht auf diesen Fall vom Prätor Flavius Respectus zu Rate gezogen war.

I u l i a n u s libro vicesimo tertio digestorum ... saepe animadverti hanc partem edicti ... habere nonnullas reprehensiones. D. 37, 5, 6.

M a r c i a n u s libro singulari de delatoribus ... ego quoque in auditorio publico idem secutus sum.

D. 40, 15, 1, 4.

U l p i a n u s libro nono de officio proconsulis Patronorum querellas adversus libertos praesides audire et non translaticie exsequi debent, cum, si ingratus libertus sit, non impune ferre eum oporteat.

D. 37, 1, 4, 1.

VORZUG
DES LATEIN ALS RECHTSSPRACHE

M o d e s t i n u s libro primo excusationum ῾Ερέννιος Μοδεστῖνος ᾿Εγνατίῳ Δέξτρῳ· Συγγράψας σύγγραμμα, ὡς ἐμοὶ δοκεῖ, χρησιμώτατον, ὅπερ παραίτησιν ἐπιτροπῆς καὶ κουρατορίας ὠνόμασα, τοῦτό σοι πέπομφα. Ποιήσομαι δὲ ὡς ἂν οἷός τε ὦ τὴν περὶ τούτων διδασκαλίαν σαφῆ, ἀφηγούμενος τὰ νόμιμα τῇ τῶν ῾Ελλήνων φωνῇ, εἰ καὶ οἶδα δύσφραστα εἶναι αὐτὰ νομιζόμενα πρὸς τὰς τοιαύτας μεταβολάς.

D. 27, 1, 1.

I u l i a n im 23. Buch seiner Digesten: Oft schon habe ich bemerkt, daß dieser Teil des Edikts ... zu mancherlei Beanstandungen Anlaß gibt.

M a r c i a n in der Sonderschrift über die öffentlichen Angeber: ... und dieser Meinung bin auch ich im öffentlichen (kaiserlichen) Auditorium beigetreten.

U l p i a n im 9. Buch über den Pflichtenkreis des Prokonsul: Die Provinzialstatthalter müssen die Beschwerden der Patrone gegen ihre Freigelassenen entgegennehmen und dürfen sie keineswegs schematisch behandeln, da es nicht anginge, einen Freigelassenen, der sich als undankbar erweist, ungestraft zu lassen.

VORZUG
DES LATEIN ALS RECHTSSPRACHE

M o d e s t i n im 1. Buch der Ablehnungsgründe für Vormünder: Herennius Modestin an Ignatius Dexter. Ich habe den von mir verfaßten Kommentar, der mir recht brauchbar erscheint und den ich „Ablehnungsgründe für Tutoren und Kuratoren" betitelte, an Dich abgesandt. Soweit ich dazu in der Lage bin, will ich die Lehre über diesen Gegenstand deutlich vortragen und das Recht hierüber in griechischer Sprache bringen, wenn ich mir auch recht wohl bewußt bin, daß man bei derartigen Übersetzungen gerade diese Rechtsbegriffe nur schwer wiedergeben kann.

IDEALBILD DES RICHTERS

Callistratus libro primo de cognitionibus Observandum est ius reddenti, ut in adeundo quidem facilem se praebeat, sed contemni non patiatur. unde mandatis adicitur, ne praesides provinciarum in ulteriorem familiaritatem provinciales admittant: nam ex conversatione aequali contemptio dignitatis nascitur. Sed et in cognoscendo neque excandescere adversus eos, quos malos putat, neque precibus calamitosorum inlacrimari oportet: id enim non est constantis et recti iudicis, cuius animi motum vultus detegit. et summatim ita ius reddi debet, ut auctoritatem dignitatis ingenio suo augeat.

D. 1, 18, 19.

ALLGEMEINE RECHTSGRUNDREGELN

Paulus libro LIV ad edictum Quod vero contra rationem iuris receptum est, non est producendum ad consequentias. D. 1, 3, 14.

Callistratus libro I quaestionum Nam imperator noster Severus rescripsit in ambiguitatibus quae ex legibus proficiscuntur consuetudinem aut rerum per-

IDEALBILD DES RICHTERS

Callistratus im 1. Buch der richterlichen Untersuchungen: Wer Recht spricht, der muß beachten, daß er sich, wenn er angegangen wird, freundlich zeige, ohne freilich zu dulden, daß man seine Würde mißbraucht. Daher sind ergänzende Anweisungen ergangen, daß die Provinzialstatthalter mit ihren Provinzialen ja nicht zu vertraut werden, denn der Verkehr gleich mit gleich ist der Anfang der Außerachtlassung der Würde. Bei der Sachprüfung aber darf sich der Richter nicht denen gegenüber, die er für schlecht hält, zur Heftigkeit hinreißen lassen, andererseits aber darf er sich durch inständiges Flehen unglücklicher Menschen nicht zu Tränen rühren lassen: das nämlich steht einem standhaften und rechten Richter nicht an, daß seine Mienen sein inneres Gefühl verraten. Und ganz allgemein muß der Richter sein Amt so führen, daß er in seiner ganzen geistigen Haltung das Ansehen der richterlichen Würde erhöht.

ALLGEMEINE RECHTSGRUNDREGELN

Paulus im 54. Buch zum Edikt: Was entgegen dem Zweck des Rechts in Aufnahme gekommen ist, das kann nicht zu Folgerungen herangezogen werden.

Callistratus im 1. Buch seiner Untersuchungen: Unser Kaiser Severus hat durch Reskript angeordnet, daß bei Zweifeln in gesetzlichen Bestimmungen das Gewohnheitsrecht oder auch das allgemeine Ansehen

petuo similiter iudicatarum auctoritatem vim legis optinere debere.

D. 1, 3, 38.

Iulianus libro LXXXIIII digestorum Quare rectissime etiam illud receptum est, ut leges non solum suffragio legis latoris, sed etiam tacito consensu omnium per desuetudinem abrogentur.

D. 1, 3, 32, 1.

Iulianus libro XV digestorum Non possunt omnes articuli singillatim aut legibus aut senatus consultis comprehendi: sed cum in aliqua causa sententia eorum manifesta est, is qui iurisdictioni praeest ad similia procedere atque ita ius dicere debet.

D. 1, 3, 12.

Celsus libro XXVI digestorum Scire leges non hoc est verba earum tenere, sed vim ac potestatem.

D. 1, 3, 17.

Celsus libro XXXIII digestotum In ambigua voce legis ea potius accipienda est significatio, quae vitio caret, praesertim cum etiam voluntas legis ex hoc colligi possit. D. 1, 3, 19.

Celsus libro VIIII digestorum Incivile est nisi tota lege perspecta una aliqua particula eius proposita iudicare vel respondere.

D. 1, 3, 24.

der in ständiger Rechtsprechung ähnlich entschiedenen Sachen die Bedeutung einer gesetzlichen Bestimmung haben solle.

I u l i a n im 84. Buch seiner Digesten: Es ist ganz mit Recht allgemein anerkannt, daß gesetzliche Bestimmungen nicht nur durch einen Akt des Gesetzgebers aufgehoben werden, sondern daß sie auch durch stillschweigendes Einverständnis aller außer Gebrauch kommen.

I u l i a n im 15. Buch seiner Digesten: Es ist ganz ausgeschlossen, daß alle denkbaren Fälle einzeln in Gesetzen oder Senatsbeschlüssen ausdrücklich erfaßt sind. Wenn aber nur in einer Richtung die gesetzgeberische Absicht derselben offenbar ist, so hat der Leiter der Rechtsprechung entsprechend vorzugehen und muß in diesem Sinn Recht sprechen.

C e l s u s im 26. Buch seiner Digesten: Gesetze kennen bedeutet nicht, sich ihre Worte aneignen, sondern ihren Sinn und ihre Tragweite.

C e l s u s im 23. Buch seiner Digesten: Drückt sich ein Gesetz undeutlich aus, so muß man von jenen Worten ausgehen, die eindeutig sind, zumal wenn sich daraus der Zweck des Gesetzes entnehmen läßt.

C e l s u s im 9. Buch seiner Digesten: Es geht gegen alle Rechtsgrundsätze, aus irgendeinem Teilstück eines Gesetzes einen Schluß zu ziehen oder ein Gutachten zu geben; man muß vielmehr die Gesamtheit der Bestimmungen gründlich geprüft haben.

U l p i a n u s libro quadragensimo sexto ad edictum Pro-
nuntiatio sermonis in sexu masculino ad utrumque
sexum plerumque porrigitur.

D. 50, 16, 195.

M a r c e l l u s libro primo digestorum Neratius Priscus
tres facere existimat 'collegium', et hoc magis sequendum est.

D. 50, 16, 85.

P o m p o n i u s libro vicensimo primo ad Sabinum Nam
hoc natura aequum est neminem cum alterius detri-
mento fieri locupletiorem.   D. 12, 6, 14.

P a u l u s libro tertio ad Sabinum Secundum naturam
est commoda cuiusque rei eum sequi, quem sequentur
incommoda.   D. 50, 17, 10.

P o m p o n i u s libro undecimo ad Sabinum Plus cau-
tionis in re est quam in persona.   D. 50, 17, 25.

P a u l u s libro sexto ad edictum In eo, quod plus sit,
semper inest et minus.   D. 50, 17, 110.

G a i u s libro vicesimo quarto ad edictum provinciale Semper specialia generalibus insunt.   D. 50, 17, 147.

P a u l u s libro octavo ad Sabinum Quod initio vitiosum
est, non potest tractu temporis convalescere.

D. 50, 17, 29.

44

U l p i a n im 46. Buch zum Edikt: Wenn in einer Bestimmung nur das männliche Geschlecht genannt ist, so erstreckt sie sich gleichwohl zumeist auf beide Geschlechter.

M a r c e l l u s im 1. Buch seiner Digesten: Neratius Priscus ist der Meinung, daß 3 Personen ein „Kollegium" bilden, und dieser Ansicht wird man zweckmäßig folgen.

P o m p o n i u s im 21. Buch zu Sabinus: Es ist von Natur billig, daß sich niemand auf Kosten eines anderen bereichern darf.

P a u l u s im 3. Buch zu Sabinus: Es ist naturgemäß, daß die Vorteile einer Sache dem zukommen, den auch ihre Lasten treffen.

P o m p o n i u s im 11. Buch zu Sabinus: Die Sache gewährt eine größere Sicherheit als die Person.

P a u l u s im 6. Buch zum Edikt: In dem Mehr steckt immer auch das Weniger.

G a i u s im 24. Buch zum Provinzialedikt: Das Besondere ist im Allgemeinen immer eingeschlossen.

P a u l u s im 8. Buch zu Sabinus: Was von Anfang an schon nichtig ist, kann nicht durch Zeitablauf wirksam werden.

U l p i a n u s libro quadragensimo sexto ad edictum Nemo plus iuris ad alium transferre potest, quam ipse haberet.   D. 50, 17, 54.

P a u l u s libro singulari de adsignatione libertorum Invito beneficium non datur.

D. 50, 17, 69.

U l p i a n u s libro undecimo ad edictum Non videntur qui errant consentire.

D. 50, 17, 116, 2.

P a u l u s libro quinquagensimo sexto ad edictum Qui tacet, non utique fatetur: sed tamen verum est eum non negare.   D. 50, 17, 142.

U l p i a n u s libro sexagensimo sexto ad edictum Nemo videtur fraudare eos, qui sciunt et consentiunt.

D. 50, 17, 145.

G a i u s libro tertio de legatis ad edictum urbicum Semper in dubiis benigniora praeferenda sunt.

D. 50, 17, 56.

P a u l u s libro nono ad edictum In obscuris inspici solere, quod verisimilius est aut quod plerumque fieri solet.   D. 50, 17, 114.

P a p i n i a n u s libro sexto decimo quaestionum Nam quae facta laedunt pietatem existimationem verecundiam nostram et, ut generaliter dixerim, contra bonos

U l p i a n im 46. Buch zum Edikt: Niemand kann mehr Recht auf einen anderen übertragen, als er selbst besitzt.

P a u l u s in der Sonderschrift über die Zuweisung Freigelassener: Niemandem wird gegen seinen Willen eine Rechtswohltat aufgedrängt.

U l p i a n im 11. Buch zum Edikt: Wer irrt, der stimmt offensichtlich nicht zu.

P a u l u s im 56. Buch zum Edikt: Wer schweigt, gesteht damit keineswegs unter allen Umständen etwas zu; sicher ist nur, daß er nicht bestreitet.

U l p i a n im 66. Buch zum Edikt: Niemand benachteiligt offensichtlich die, welche um sein Handeln wissen und damit einverstanden sind.

G a i u s im 3. Buch der Legate zum Stadtedikt: In Zweifelsfällen ist immer die wohlwollendere Auslegung vorzuziehen.

P a u l u s im 9. Buch zum Edikt: In Zweifelsfällen muß man beachten, was das Wahrscheinlichere ist oder was meistens vorzukommen pflegt.

P a p i n i a n im 16. Buch seiner Untersuchungen: Wir müssen uns vertrauen, daß wir Handlungen, welche unsere Pietätspflicht, unsere äußere Achtung, unser

mores fiunt, nec facere nos posse credendum est.

D. 28, 7, 15.

P a u l u s libro quinto decimo quaestionum In omnibus quidem, maxime tamen in iure aequitas spectanda est.

D. 50, 17, 90.

G a i u s libro octavo decimo ad edictum provinciale Bona fides non patitur, ut bis idem exigatur.

D. 50, 17, 57.

I u l i a n u s libro quinquagesimo quinto digestorum Iure civili receptum est, quotiens per eum, cuius interest condicionem impleri, fit, quo minus impleatur, ut perinde habeatur, ac si impleta condicio fuisset.

D. 35, 1, 24.

U l p i a n u s libro septuagesimo primo ad edictum Semper qui dolo fecit, quominus haberet, pro eo habendus est, ac si haberet.   D. 50, 17, 157, 1.

P a u l u s libro sexto ad Plautium Dolo facit, qui petit quod redditurus est.

D. 50, 17, 173, 3.

P a u l u s libro trigensimo quinto ad edictum Quidquid in calore iracundiae vel fit vel dicitur, non prius ratum est, quam si perseverantia apparuit iudicium animi fuisse.

D. 50, 17, 48.

Anstandsgefühl verletzen und die, um mich ganz allgemein auszudrücken, gegen die guten Sitten gehen, keineswegs vornehmen können.

P a u l u s im 15. Buch seiner Untersuchungen: In allen Dingen, ganz besonders aber im Recht, ist auf die Billigkeit Rücksicht zu nehmen.

G a i u s im 18. Buch zum Provinzialedikt: Treu und Glauben lassen nicht zu, daß man Ein und Dasselbe zweimal beansprucht.

I u l i a n im 55. Buch seiner Digesten: In unserem Recht ist folgendes anerkannt: sobald der, der ein Interesse daran hat, daß eine Bedingung eintritt, ihren Eintritt verhindert, soll es so gehalten werden, als wenn die Bedingung eingetreten wäre.

U l p i a n im 71. Buch zum Edikt: Wer arglistig bewirkt hat, daß er etwas nicht mehr besitzt, soll immer so behandelt werden, als ob er es noch hätte.

P a u l u s im 6. Buch zu Plautius: Arglistig geht der vor, der etwas verlangt, was er wieder herausgeben müßte.

P a u l u s im 35. Buch zum Edikt: Was in der Hitze des Zorns geschieht oder gesagt wird, das hat nicht eher Gültigkeit, als bis sich aus der Aufrechterhaltung der Gesinnung gezeigt hat, daß es echter innerer Entschluß war.

II.

ÖFFENTLICHES RECHT
(außer Prozeß- und Strafrecht)

GRUNDSÄTZLICHES

Pauli sententiae II, 19, 2: Contemplatio publicae utilitatis privatorum commodis praefertur.

Papinianus libro secundo quaestionum Ius publicum privatorum pactis mutari non potest.

D. 2, 14, 38.

Ulpianus libro singulari de officio curatoris rei publicae Fines publicos a privatis detineri non oportet. curabit igitur praeses provinciae, si qui publici sunt, a privatis separare et publicos potius reditus augere: si qua loca publica vel aedificia in usus privatorum invenerit, aestimare, utrumne vindicanda in publicum sint an vectigal eis satius sit imponi, et id, quod utilius rei publicae intellexerit, sequi.

D. 50, 10, 5, 1.

KULTSTÄTTEN

Ulpianus libro sexagensimo octavo ad edictum Ait praetor: 'In loco sacro facere inve eum immittere quid veto.' Hoc interdictum de sacro loco, non de sacrario competit. Quod ait praetor, ne quid in loco sacro fiat, non ad hoc pertinet, quod ornamenti causa

GRUNDSÄTZLICHES

P a u l u s, **Lehrsätze II, 19, 2**: Die Wahrung des Gemeinwohles steht vor der Beachtung des privaten Nutzens.

P a p i n i a n im 2. Buch der Untersuchungen: Öffentliches Recht kann durch private Abmachungen nicht geändert werden.

U l p i a n in der Sonderschrift über das Amt des Staatsvermögensverwalters: Daß öffentliche Zwecke von Privaten beeinträchtigt werden, geht nicht an. Daher muß der Provinzialstatthalter solche öffentliche von den privaten Zwecken genau scheiden und die öffentlichen Einkünfte möglichst zu erhöhen trachten. Hat er gewisse öffentliche Plätze oder Gebäude in privatem Gebrauch vorgefunden, so muß er abwägen, ob er sie ganz für die Öffentlichkeit heranzieht oder ob er ihnen lieber eine Abgabe auferlegt und das, was er im Interesse des Staats für zweckmäßiger erachtet, ausführen.

KULTSTÄTTEN

U l p i a n im 68. Buch zum Edikt: Der Prätor bestimmt: „Auf einem für Kultzwecke bestimmten Ort verbiete ich jede Ausübung privater Tätigkeit und jede Beeinträchtigung desselben." Dieses Interdikt bezieht sich auf den geweihten Platz, nicht aber auf das Heiligtum selbst. Wenn der Prätor sagt, daß auf dem heiligen Platz nichts geschehen darf, so meint er nicht das, was etwa zur Ausschmückung geschieht, wohl

fit, sed quod deformitatis vel incommodi.

D. 43, 6, 1.

H e r m o g e n i a n u s libro tertio iuris epitomarum In muris itemque portis et aliis sanctis locis aliquid facere, ex quo damnum aut incommodum irrogetur, non permittitur.

D. 43, 6, 2.

M o d e s t i n u s libro undecimo pandectarum De operibus, quae in muris vel portis vel rebus publicis fiunt, aut si muri exstruantur, divus Marcus rescripsit praesidem aditum consulere principem debere.

D. 50, 10, 6.

P a u l u s libro quinto sententiarum Neque muri neque portae habitari sine permissu principis propter fortuita incendia possunt.

D. 43, 6, 3.

WEGE

U l p i a n u s libro trigensimo tertio ad Sabinum Viae vicinales, quae ex agris privatorum collatis factae sunt, quarum memoria non exstat, publicarum viarum numero sunt. Sed inter eas et ceteras vias militares hoc interest, quod viae militares exitum ad mare aut in urbes aut in flumina publica aut ad aliam viam militarem habent, harum autem vicinalium viarum dissimilis condicio est: nam pars earum in militares vias

aber das, was eine Verunstaltung bedeuten würde oder
ihm nachteilig wäre.

H e r m o g e n i a n im 3. Buch seines Rechtsabrisses: Auf
Stadtmauern, Toren oder anderen heiligen Orten etwas
zu unternehmen, woraus Schaden oder Nachteil ent-
stände, ist nicht erlaubt.

M o d e s t i n im 11. Buch seiner Pandekten: Bei Arbeiten, die an Mauern, Toren oder öffentlichen Sachen
erfolgen, muß nach dem Reskript des göttlichen
Marcus der Statthalter angegangen werden, der die
kaiserliche Entscheidung herbeizuführen hat. Gleiches
gilt bei Errichtung von Mauern.

P a u l u s im 5. Buch seiner Rechtsgrundsätze: Weder
Stadtmauern noch Stadttore dürfen ohne Erlaubnis
des Kaisers wegen der leicht gegebenen Brandgefahr
als Wohnung benützt werden.

WEGE

U l p i a n im 33. Buch zu Sabinus: Diejenigen Verbindungswege, die aus den beteiligten Grundstücken
privater Grundbesitzer hergestellt wurden und deren
Entstehung in unvordenklicher Zeit liegt, gehören zu
den öffentlichen Wegen. Zwischen diesen aber und den
Militärstraßen besteht der Unterschied, daß die Militärstraßen einen Zugang zum Meer oder in große
Städte oder zu öffentlichen Flüssen oder zu einer anderen Militärstraße haben, während die Bedeutung
der genannten Verbindungswege eine davon verschie-

exitum habent, pars sine ullo exitu intermoriuntur.

D. 43, 7, 3.

U l p i a n u s libro sexagesimo octavo ad edictum Viarum quaedam publicae sunt, quaedam privatae, quaedam vicinales. publicas vias dicimus, quas Graeci βασιλικάς, nostri praetorias, alii consulares vias appellant. privatae sunt, quas agrarias quidam dicunt. vicinales sunt viae, quae in vicis sunt vel quae in vicos ducunt: has quoque publicas esse quidam dicunt: quod ita verum est, si non ex collatione privatorum hoc iter constitutum est. aliter atque si ex collatione privatorum reficiatur: nam si ex collatione privatorum reficiatur, non utique privata est: refectio enim idcirco de communi fit, quia usum utilitatemque communem habet. ... Scio tractatum, an permittendum sit specus et pontem per viam publicam facere: et plerique probant interdicto eum teneri: non enim oportere eum deteriorem viam facere.

D. 43, 8, 2, 22; 33.

I a v o l e n u s libro decimo ex Cassio Viam publicam populus non utendo amittere non potest.

D. 43, 11, 2.

dene ist: ein Teil derselben mündet wohl auf Militärstraßen, ein anderer Teil jedoch verläuft sich ohne
irgendeinen Ausgang.

U l p i a n im 68. Buch zum Edikt: Unter den Wegen
sind die einen öffentlich, andere privat, wieder andere
sind Nahverbindungswege. Öffentliche Wege nennen
wir solche, die die Griechen königliche nennen, die
Unseren aber prätorische oder konsularische Straßen.
Privatwege sind die, welche man auch Feldwege nennt.
Nahverbindungswege sind solche, die sich auf Dör-
fern finden oder in solche führen. Manche halten diese
Wege auch für öffentliche Wege und dies mit Recht
dann, wenn dieser Weg nicht durch das Beisteuern
Privater begründet wurde. Anders wäre es, wenn solche Wege durch Beisteuern Privater unterhalten werden: in diesem Fall ist ein solcher Weg keinesfalls deswegen unter allen Umständen Privatweg. Er ist es
dann nicht, wenn diese Unterhaltung deswegen gemeinsam vorgenommen wird, weil der Weg im allgemeinen Gebrauch steht und dem öffentlichen Wohl
dient. ... Ich weiß, daß darüber geschrieben wurde,
ob man erlauben darf, daß jemand eine Unterführung
oder eine Überbrückung an einer öffentlichen Straße
vornehmen darf. Und überwiegend wird gebilligt, daß
wer dies unternimmt, unter das Verbot fällt, denn es
geht nicht an, daß er die Straße beeinträchtigt.

I a v o l e n im 10. Buch zu Cassius: Durch Nichtge-
brauch eines öffentlichen Weges kann das Volk desselben keineswegs verlustig gehen.

U l p i a n u s libro sexagensimo octavo ad edictum Praetor ait: 'Quo minus illi viam publicam iterve publi-'cum aperire reficere liceat, dum ne ea via idve iter 'deterius fiat, vim fieri veto.'

D. 43, 11, 1.

BAUPOLIZEI

P a u l u s libro sexagensimo quarto ad edictum In loco publico praetor prohibet aedificare et interdictum proponit.

D. 43, 8, 1.

I u l i a n u s libro quadragensimo octavo digestorum Sicut is, qui nullo prohibente in loco publico aedificaverat, cogendus non est demolire, ne ruinis urbs deformetur, ita qui adversus edictum praetoris aedificaverit, tollere aedificium debet: alioqui inane et lusorium praetoris imperium erit.

D. 43, 8, 7.

M a c e r libro secundo de officio praesidis Inscribi autem nomen operi publico alterius quam principis aut eius, cuius pecunia id opus factum sit, non licet.

D. 50, 10, 3, 2.

U l p i a n im 68. Buch zum Edikt: Der Prätor bestimmt:
„Ich verbiete jede Gewaltanwendung, die verhindern
würde, daß jemand erlaubterweise eine öffentliche
Straße oder einen öffentlichen Weg wieder herstellt
oder ausbessert, außer es würde sich darum handeln,
daß Straße oder Weg in ihrem Zustand verschlechtert werden."

BAUPOLIZEI

P a u l u s im 64. Buch zum Edikt: Auf einem öffentlichen Ort verbietet der Prätor jedes Bauen und stellt
ein Interdikt auf.

I u l i a n im 48. Buch seiner Digesten: Gleich wie der,
der auf öffentlichem Grund gebaut hat, ohne daß ihn
jemand daran hinderte, nicht gezwungen wird, das
Gebäude niederzulegen, damit nicht die Stadt durch
Trümmerhaufen verunziert wird, so muß andererseits
der, welcher entgegen dem prätorischen Edikt einen
Bau errichtet hat, das Gebäude abreißen. Denn sonst
wäre die prätorische Amtsgewalt inhaltslos und lächerlich.

M a c e r im 2. Buch über das Amt des Provinzialstatthal-
ters: Einem öffentlichen Bauwerk den Namen einer
anderen Person als des Kaisers oder dessen, aus dessen
Mitteln der Bau errichtet wurde, beizusetzen, ist nicht
gestattet.

Ulpianus libro sexagensimo octavo ad edictum Praetor ait: 'Ne quid in loco publico facias inve eum locum 'immittas, qua ex re quid illi damni detur, praeter-'quam quod lege senatus consulto edicto decretove 'principum tibi concessum est.'   D. 43, 8, 2.

STADTPOLIZEIWESEN

Ἐκ τοῦ ἀστυνομικοῦ μονοβίβλου τοῦ Π α π ι - ν ι α ν ο ῦ. Οἱ ἀστυνομικοὶ ἐπιμελείσθωσαν τῶν κατὰ τὴν πόλιν ὁδῶν, ὅπως ἂν ὁμαλισθῶσιν καὶ τὰ ῥεύματα μὴ βλάπτῃ τὰς οἰκίας καὶ γέφυραι ὦσιν οὗ ἂν δέῃ. Ἐπιμελείσθωσαν δὲ ὅπως οἱ ἴδιοι τοῖχοι ἢ τῶν ἄλλων ἢ τῶν περὶ τὰς οἰκίας ἃ εἰς τὴν ὁδὸν φέρει μὴ σφαλερὰ ᾖ, ἵνα ὡς δεῖ κα- θαιρῶσιν οἱ δεσπόται τῶν οἰκιῶν καὶ ἐπισκευάζω- σιν. ἐὰν δὲ μὴ καθαιρῶσιν μηδὲ ἐπισκευάζωσιν, ζημιούτωσαν αὐτούς, ἕως ἂν ἀσφαλῆ ποιήσωσιν. Ἐπιμελείσθωσαν δὲ ὅπως μηδεὶς ὀρύσσῃ τὰς ὁδοὺς μηδὲ χωννύῃ μηδὲ κτίσῃ εἰς τὰς ὁδοὺς μη- δέν · ... Ἐπισκευάζειν δὲ τὰς ὁδοὺς τὰς δημο- σίας κατὰ τὴν ἑαυτοῦ οἰκίαν ἕκαστον καὶ τὰς ὑδορρόας ἐκκαθαίρειν τὰς ἐκ τοῦ ὑπαιθρίου καὶ ἐπισκευάζειν οὕτως, ὡς ἂν μὴ κωλύῃ ἅμαξαν ἐπιέναι. ὅσοι δὲ μισθωσάμενοι οἰκοῦσιν, ἐὰν μὴ ἐπισκευάσῃ ὁ δεσπότης, αὐτοὶ ἐπισκευάσαντες ὑπολογιζέσθωσαν τὸ ἀνάλωμα κατὰ τὸν μισθόν. Ἐπιμελείσθωσαν δὲ καὶ ὅπως πρὸ τῶν ἐργαστη- ρίων μηδὲν προκείμενον ᾖ, πλὴν ἐὰν κναφεὺς ἱμάτια ψύγῃ ἢ τέκτων τροχοὺς ἔξω τιθῇ · τιθέσ- θωσαν δὲ καὶ οὗτοι, ὥστε μὴ κωλύειν ἅμαξαν

U l p i a n im 68. Buch zum Edikt: Der Prätor bestimmt: „Nichts hat auf einem öffentlichen Platz zu geschehen oder auf ihn gebracht zu werden, was jemand Schaden zufügt, außer es wäre durch Gesetz, Senatsbeschluß, Edikt oder kaiserlichen Befehl gestattet worden ...“

STADTPOLIZEIWESEN

Aus P a p i n i a n s Einzelschrift über die Stadtverwaltung: Die städtischen Behörden haben für die städtischen Straßen zu sorgen, damit sie eben gelegt werden und der Wasserablauf den Gebäuden nicht schadet, und daß Übergänge an den notwendigen Punkten angebracht werden. Auch haben sie sich darum zu bekümmern, daß das Mauerwerk privater und anderer Gebäude und aller Anlagen um die Anwesen an den Straßen keine Fehler aufweist, damit erforderlichenfalls die Hauseigentümer diese Anlagen ausbessern und wiederherstellen. Im Weigerungsfall sollen sie gegen dieselben mit Strafen einschreiten, bis sie die Sicherungsmaßnahmen veranlassen. Auch sollen sie darauf sehen, daß niemand auf den Straßen Grabungen macht oder Schutt ablädt oder Anlagen errichtet.... Öffentliche Wege aber muß jeder entlang seinem Anwesen unterhalten, und die Wasserkanäle für das Regenwasser muß er reinhalten und so instandsetzen, daß kein Wagenverkehr dadurch behindert wird. Wenn sich der Hauseigentümer um alles dies nicht kümmert, haben die im Haus in Miete Wohnenden die Unterhaltungspflicht und dürfen ihre Aufwendungen von der Miete absetzen. Auch darauf sollen

βαδίζειν. Μὴ ἐάτωσαν δὲ μηδὲ μάχεσθαι ἐν ταῖς
ὁδοῖς μηδὲ κόπρον ἐκβάλλειν μηδὲ νεκρὰ μηδὲ
δέρματα ῥίπτειν.

D. 43, 10, 1.

U l p i a n u s libro singulari de officio praefecti urbi Quies
quoque popularium et disciplina spectaculorum ad
praefecti urbi curam pertinere videtur: et sane debet
etiam dispositos milites stationarios habere ad tuen-
dam popularium quietem et ad referendum sibi quid
ubi agatur.

D. 1, 12, 1, 12.

WASSERPOLIZEI

U l p i a n u s libro sexagensimo octavo ad edictum Ait
praetor: 'Ne quid in flumine publico ripave eius facias
'neve quid in flumine publico neve in ripa eius im-
'mittas, quo statio iterve navigio deterior sit fiat.'

D. 43, 12, 1.

U l p i a n u s libro sexagensimo octavo ad edictum Ait
praetor: 'In flumine publico inve ripa eius facere aut
in id flumen ripamve eius immittere, quo aliter aqua
fluat, quam priore aestate fluxit, veto'.

D. 43, 13, 1.

die Leiter der Stadtverwaltung sehen, daß vor den Arbeitsstätten nichts herumstehen bleibt, außer wenn etwa ein Walker Stoffe trocknen läßt oder wenn ein Wagner Räder hinstellt. Solche Sachen müssen aber so angebracht werden, daß ein Wagen ungehindert seinen Weg nehmen kann. Niemals sollen sie zulassen, daß auf den Straßen Raufereien ausgetragen werden, oder daß man Unrat, Kadaver oder alte Häute auf die Straßen wirft.

U l p i a n in der Sonderschrift über das Amt des Stadtpräfekten: Die Ruhe der Stadtbevölkerung und die Ordnung bei den Spielen gehört offensichtlich zur Sorge des Stadtpräfekten. Deshalb braucht er auch zu seiner Verfügung stationierte Militärabteilungen zum Schutz der öffentlichen Ruhe und zur Meldung, wenn irgendwo etwas vor sich geht.

WASSERPOLIZEI

U l p i a n im 68. Buch zum Edikt: Der Prätor bestimmt: „Nichts hat in einem öffentlichen Flußlauf oder an seinem Ufer zu geschehen und nichts darf dort angebracht werden, was die Strömung, den Flußlauf oder die Schiffahrt behindert."

U l p i a n im 68. Buch zum Edikt: Der Prätor bestimmt: „Ich verbiete in einem öffentlichen Fluß oder an seinem Ufer etwas vorzunehmen oder dort etwas anzubringen, wodurch der Lauf des Wassers gegenüber dem Stand vom vorigen Sommer verändert wird."

U l p i a n u s libro sexagensimo octavo ad edictum Praetor aut: 'Quo minus illi in flumine publico navem
'ratem agere quove minus per ripam onerare exone
'rare liceat, vim fieri veto. item ut per lacum fos
'sam stagnum publicum navigare liceat, interdicam.'

D. 43, 14, 1.

C e l s u s libro vicensimo quinto digestorum Litus est,
quousque maximus fluctus a mari pervenit: idque
Marcum Tullium aiunt, cum arbiter esset, primum
constituisse.   D. 50, 16, 96.

Imp. C o n s t a n t i n u s A. ad Maximilianum, Consularem aquarum Possessores, per quorum fines formarum
meatus transeunt, ab extraordinariis oneribus volumus esse immunes, ut eorum opera aquarum ductus
sordibus oppleti mundentur, nec ad aliud superindictae rei onus iisdem possessoribus attinendis, ne circa
res alias occupati repurgium formarum facere non
curent. Quod si neglexerint, amissione possessionum
mulctabuntur; nam fiscus praedium eius obtinebit,
cuius negligentia perniciem formae congesserit. Praeterea scire eos oportet, per quorum praedia aquaeductus commeat, ut dextra laevaque de ipsis formis
quindecim pedibus intermissis arbores habeant; observante officio iudicis, ut, si quo tempore pullula-

64

U l p i a n im 68. Buch zum Edikt: Der Prätor bestimmt: „Ich verbiete Gewaltanwendung, daß jemand gehindert wird, in einem öffentlichen Fluß ein Schiff oder Floß zu bewegen oder dasselbe am Ufer zu beladen oder zu entladen. Desgleichen werde ich mir das Verbot vorbehalten, daß jemand auf einem öffentlichen See, öffentlichen Wassergraben oder einem öffentlichen Speicherbecken Schiffahrt betreibt."

C e l s u s im 25. Buch seiner Digesten: „Gestade" kommt in Frage, soweit die Meeresflut vorströmt; und dies soll Marcus Tullius (Cicero) als Schiedsrichter erstmals so bestimmt haben.

Kaiser K o n s t a n t i n an den Wasserleitungsvorstand Maximilian: Die Grundstücksbesitzer, durch deren Grenzen die Wasserleitungsanlagen laufen, wollen Wir von außerordentlichen Lasten frei haben, damit durch deren Mitwirkung die Leitungen vom angesammelten Schmutz gereinigt werden und Wir wünschen, daß eben diese Besitzer auch nicht zu einer anderen Last bezüglich der obengenannten Sache angehalten werden, so daß sie sich etwa mit anderen Dingen beschäftigen und die wiederholte Reinigung der Röhrenleitung außer acht lassen. Wenn sie dies aber vernachlässigen, werden sie mit dem Verlust ihrer Grundstücke bestraft, denn der Fiskus wird das Grundstück dessen an sich ziehen, dessen Nachlässigkeit den Verderb der Wasserzuleitung herbeigeführt hat. Außerdem müssen diejenigen, durch deren Grundstücke der Aquädukt läuft, wissen, daß sie rechts und

verint, excidantur, ne earum radices fabricam formae corrumpant. (330).

Cod. 11, 42, 1.

Imppp. Valentinianus, Theodosius et Arcadius A.A.A. Albino P.U. Romae Eos, qui aquae copiam vel olim vel nunc per nostra indulta meruerunt, usum aut ex castellis aut ex ipsis formis iubemus elicere, neque earum fistularum, quas matrices vocant, cursum ac soliditatem attentare, vel ab ipso aquaeductu trahere . . . (389).

Cod. 11, 42, 3.

FEUERPOLIZEI

Paulus libro singulari de officio praefecti vigilum Sciendum est autem praefectum vigilum per totam noctem vigilare debere et coerrare calciatum cum hamis et dolabris, ut curam adhibeant omnes inquilinos admonere, ne neglegentia aliqua incendii casus oriatur. praeterea ut aquam unusquisque inquilinus in cenaculo habeat, iubetur admonere.

D. 1, 15, 3, 3.

links von der Wasserführung Bäume nur in einem
Abstand von 15 Fuß haben dürfen. Das öffentliche
Amt muß auch dafür sorgen, daß solche Bäume, wenn
sie zu wuchern beginnen, niedergelegt werden, damit
nicht ihr Wurzelwerk den Unterbau der Wasserleitung
beschädigt.

Die Kaiser V a l e n t i n i a n , T h e o d o s i u s und A r -
c a d i u s an Albinus, den Stadtpräfekten Roms: Diejenigen, welche ein Wasserbezugsrecht in alter Zeit oder
neuerdings durch Unsere besondere Bewilligung er-
hielten, dürfen ihr Wasser nur von den Wasserschlös-
sern oder den Kanälen selbst abzweigen; sie dürfen
jedoch keineswegs den festen Lauf der Röhren, die
man Hauptrohre nennt, antasten oder gar das Wasser
von der Oberleitung selbst entnehmen.

FEUERPOLIZEI

P a u l u s in der Sonderschrift über das Amt des städtischen Wachpräfekten: Man muß aber beachten, daß der
Wachpräfekt die Wache die ganze Nacht hindurch
zu führen hat und seine Leute beschuht in Ausrüstung
mit Hacken und Picken unterwegs hält, um alle Wohnungsinhaber aufmerksam zu machen, daß nicht
durch irgendeine Nachlässigkeit Brandfälle entstehen.
Er hat auch jedem Wohnungsinhaber die Weisung zu
geben, in seinem Stockwerk Wasser aufzustellen.

HÄNDLERWESEN, MARKTPOLIZEI

Callistratus libro tertio de cognitionibus Si quis ipsos cultores agrorum vel piscatores deferre utensilia in civitatem iusserit, ut ipsi ea distrahant, destituetur annonae praebitio, cum avocentur ab opere rustici: qui confestim ubi detulerint mercem, tradere eam et ad opera sua reverti debeant. denique summae prudentiae et auctoritatis apud Graecos Plato cum institueret, quemadmodum civitas bene beate habitari possit, in primis istos negotiatores necessarios duxit. sic enim libro secundo πολιτείας ait: δεῖ γὰρ πλειόνων ἄρα γεωργῶν τε καὶ τῶν ἄλλων δημιουργῶν καὶ τῶν ἄλλων διακόνων τῶν γε εἰσαξόντων καὶ ἐξαξόντων ἕκαστα· οὗτοι δέ εἰσιν ἔμποροι. κομίσας δὲ ὁ γεωργὸς εἰς τὴν ἀγοράν τι ὧν ποιεῖ ἤ τις ἄλλος τῶν δημιουργῶν μὴ εἰς τὸν αὐτὸν χρόνον ἥκῃ τοῖς δεομένοις τὰ παρ' αὐτοῦ ἀνταλλάξασθαι, ἀργήσει τῆς αὐτοῦ δημιουργίας καθήμενος ἐν ἀγορᾷ; οὐδαμῶς, ἦ δ' ὅς ,ἀλλ' εἰσὶν οἱ τοῦτο ὁρῶντες ἑαυτοὺς ἐπὶ τὴν διακονίαν τάττουσι ταύτην.

D. 50, 11, 2.

HÄNDLERWESEN, MARKTPOLIZEI

Callistratus im 3. Buch der amtlichen Untersuchungen: Wenn man gar die Landwirte oder die Fischer ihre Erzeugnisse selbst zu dem Zweck in die Stadt verbringen ließe, daß sie diese selbst verkaufen, so würde die Lebensmittelversorgung stocken, da die Landwirte von ihrer Arbeit abgehalten würden. Wenn diese ihre Waren herbeigebracht haben, müssen sie dieselben unverzüglich (an die Händler) abliefern und zu ihrer Berufsarbeit zurückkehren. Schließlich wies auch Plato, der bei den Griechen wegen seiner hervorragenden Weisheit im höchsten Ansehen stand, zur Frage, wie sich in einem Staat glücklich leben lasse, darauf hin, daß mit in erster Linie Kaufleute unentbehrlich seien. Im zweiten Buch seiner Staatsverfassung sagt er nämlich: der Staat braucht sehr wohl eine größere Menge Landwirte und andere Arbeiter und Helfer, die für Ein- und Ausfuhr der jeweils nötigen Waren sorgen. Diese letzteren aber sind die Kaufleute. Wenn der Landwirt oder irgendein Arbeitsmann etwas von seinen Erzeugnissen auf den Markt bringt und wenn es nicht zur gleichen Zeit denjenigen, die solche Waren gebrauchen können, gerade einfällt, sie einzutauschen, soll dann der Arbeiter seine Arbeitszeit versäumen und untätig zusehend auf dem Markt sitzen bleiben? Doch keineswegs, meinte er, denn es sind die Leute da, welche dies voraussehen und sich selbst für diesen Dienst einordnen.

U l p i a n u s libro singulari de officio praefecti urbi. Cura
carnis omnis ut iusto pretio praebeatur ad curam
praefecturae pertinet, et ideo et forum suarium sub
ipsius cura est: sed et ceterorum pecorum sive armen-
torum quae ad huiusmodi praebitionem spectant ad
ipsius curam pertinent.   D. 1, 12, 1, 11.

BANKVERKEHR

U l p i a n u s libro singulari de officio praefecti urbi Praeterea curare debebit praefectus urbi, ut nummularii
probe se agunt circa omne negotium suum et tem-
perent his, quae sunt prohibita.

D. 1, 12, 1, 9.

BESTATTUNGSWESEN

U l p i a n u s libro nono de omnibus tribunalibus Ne cor-
pora aut ossa mortuorum detinerentur aut vexarentur
neve prohiberentur quo minus via publica transferren-
tur aut quominus sepelirentur, praesidis provinciae
officium est.

D. 11, 7, 38.

GLÜCKSPIEL

U l p i a n u s libro vicensimo tertio ad edictum Praetor
ait: 'Si quis eum, apud quem alea lusum esse dicetur,
'verberaverit damnumve ei dederit sive quid eo tem-
'pore dolo eius subtractum est, iudicium non dabo. in
'eum, qui aleae ludendae causa vim intulerit, uti quae-
'que res erit, animadvertam.' . . . 'In eum', inquit,

U l p i a n im Sonderbuch über das Amt des Stadtpräfekten:
Zur Sorge dieses Amts gehört, daß das gesamte Fleisch
zu einem angemessenen Preis abgegeben wird. Daher
steht auch der Schweinemarkt unter seiner Aufsicht,
desgleichen das übrige Klein- und Großvieh, das der-
artig feilgeboten wird.

BANKVERKEHR

U l p i a n in der Sonderschrift über das Amt des Stadtpräfekten: Außerdem obliegt dem Stadtpräfekten die
Aufsicht über anständiges Geschäftsgebaren der Bank-
geschäfte in allen ihren Obliegenheiten, damit sie sich
namentlich der Geschäfte enthalten, die nicht erlaubt sind.

BESTATTUNGSWESEN

U l p i a n im 9. Buch über alle Gerichtshöfe: Der Provinzialstatthalter hat darüber zu wachen, daß nicht Lei-
chen oder Gebeine Verstorbener zurückbehalten werden oder daß damit Unfug getrieben wird, daß ihre
Überführung auf öffentlichen Straßen nicht gestört
und ihre Beisetzung nicht gehindert wird.

GLÜCKSPIEL

U l p i a n im 23. Buch zum Edikt: Der Prätor bestimmt:
„Wenn jemand den, bei dem Glückspiele (Würfel-
spiele) stattgefunden haben sollen, mißhandelt hat
oder ihm Schaden zugefügt hat, oder wenn jemandem
dabei etwas arglistig entwendet wurde, so werde ich
(dem Verletzten) keine Rechtsverfolgung gewähren.

'qui aleae ludendae causa vim intulerit, uti quae-
'que res erit, animadvertam.' haec clausula pertinet
ad animadversionem eius qui conpulit ludere, ut aut
multa multetur aut in lautumias vel in vincula publica ducatur.

D. 11, 5, 1.

P a u l u s libro nono decimo ad edictum solent enim
quidam et cogere ad lusum vel ab initio vel victi dum
retinent. Senatus consultum vetuit in pecuniam ludere, praeterquam si quis certet hasta vel pilo iaciendo
vel currendo saliendo luctando pugnando quod vir-
tutis causa fiat.

D. 11, 5, 2.

P a u l u s libro nono decimo ad edictum Quod in con-
vivio vescendi causa ponitur, in eam rem familia ludere permittitur. Si servus vel filius familias victus
fuerit, patri vel domino competit repetitio.

D. 11, 5, 4.

KOMMUNALRECHT

U l p i a n u s libro decimo disputationum Quod ad cer-
tam speciem civitatis relinquitur, in alios usus con-
vertere non licet.

D. 50, 8, 1.

Gegen denjenigen aber, der um des Glückspiels wegen Gewalt zugefügt hat, werde ich nach Lage des Einzelfalls vorgehen.‟ ... Letztere Klausel bezieht sich auf das Vorgehen gegen den, der zum Spielen zwang, und er soll entweder in Geldstrafe genommen werden oder zu Steinbrucharbeiten oder ins öffentliche Gefängnis abgeführt werden.

P a u l u s im 19. Buch zum Edikt: Denn es pflegen auch manche zum Spielen zu zwingen, sei es von Anfang an oder wenn sie verloren haben, solange sie ihren Verlust nicht eingebracht haben. Ein Senatsbeschluß verbot das Spielen um Geld, außer wenn es sich um Lanzen- oder Wurfspießwerfen, Laufen, Springen, Ringen und sonstiges Kämpfen um der Ertüchtigung wegen handelt.

P a u l u s im 19. Buch zum Edikt: Was innerhalb einer Tischgesellschaft zum Verzehr aufgelegt wird, bezüglich dessen darf der Familienkreis ein Glückspiel machen. Wenn dabei ein Sklave oder ein Haussohn verloren hat, hat der betreffende Vater oder Herr das Recht der Rückforderung des Bezahlten.

KOMMUNALRECHT

U l p i a n im 10. Buch seiner Erörterungen: Was für einen genau bestimmten Zweck eines Gemeinwesens hinterlassen wird, darf nicht für andere Bedürfnisse verwendet werden.

Modestinus libro nono responsorum Legatum civitati relictum est, ut ex reditibus quotannis in ea civitate memoriae conservandae defuncti gratia spectaculum celebretur, quod illic celebrari non licet: quaero, quid de legato existimes. respondit, cum testator spectaculum edi voluerit in civitate, sed tale, quod ibi celebrari non licet, iniquum esse hanc quantitatem, quam in spectaculum defunctus destinaverit, lucro heredum cedere: igitur adhibitis heredibus et primoribus civitatis dispiciendum est, in quam rem converti debeat fideicommissum, ut memoria testatoris alio et licito genere celebretur.

D. 33, 2, 16.

Paulus libro primo responsorum Paulus respondit eum, qui iniunctum munus a magistratibus suscipere supersedit, posse conveniri eo nomine propter damnum rei publicae, quamvis eo tempore, quo creatus est, in aliena fuerit potestate.

D. 50, 1, 21.

Ulpianus libro singulari de officio curatoris rei publicae Si bene collocatae sunt pecuniae publicae, in sortem inquietari debitores non debent et maxime, si parient usuras: si non parient, prospicere rei publicae se-

M o d e s t i n im 9. Buch seiner Rechtsgutachten: Einer
Gemeinde ist ein Vermächtnis hinterlassen worden
mit der Bestimmung, daß jährlich aus den Einkünften
der Summe in dieser Gemeinde zur Ehrung des Verstorbenen ein Schauspiel abgehalten wird, das dort
jedoch nicht gespielt werden darf. Ich frage, welcher
Meinung du nun hinsichtlich des Vermächtnisses bist.
Das Gutachten lautete: Da der Erblasser den Wunsch
hatte, daß in der Gemeinde ein Schauspiel gegeben
werde, dies aber nach seiner Beschaffenheit dort nicht
aufgeführt werden darf, so wäre es unbillig, daß die
Summe, welche der Erblasser für das Schauspiel vorgesehen hat, den Erben zugute käme. Daher muß
man hier unter Beiziehung der Erben und der Leiter
der Gemeindeverwaltung prüfen, wie man dieses Vermächtnis umwandle, damit auf andere Weise und er-
laubtermaßen das Andenken des Erblassers gefeiert
werde.

P a u l u s im 1. Buch seiner Rechtsbescheide: Paulus gab
das Gutachten, daß derjenige, der sich weigerte, ein
ihm von den Stadtbehörden übertragenes Amt zu
übernehmen, deshalb wegen des Schadens am Gemeinwesen in Anspruch genommen werden kann,
selbst dann, wenn er in dem Zeitpunkt seiner Wahl
noch unter fremder Gewalt gestanden wäre.

U l p i a n in der Sonderschrift über die Pflicht des Staatsvermögensverwalters: Wenn öffentliche Gelder gut an-
gelegt sind, darf man die Schuldner wegen des Kapi-
tals nicht beunruhigen, besonders dann nicht, wenn

curitati debet praeses provinciae, dummodo non acerbum se exactorem nec contumeliosum praebeat, sed moderatum et cum efficacia benignum et cum instantia humanum: nam inter insolentiam incuriosam et diligentiam non ambitiosam multum interest. Praeterea prospicere debet, ne pecuniae publicae credantur sine pignoribus idoneis vel hypothecis.

D. 22, 1, 33.

STEUERWESEN

Ulpianus libro tertio de censibus Forma censuali cavetur, ut agri sic in censum referantur. nomen fundi cuiusque: et in qua civitate et in quo pago sit: et quos duos vicinos proximos habeat. et arvum, quod in decem annos proximos satum erit, quot iugerum sit: vinea quot vites habeat: olivae quot iugerum et quot arbores habeant: pratum, quod intra decem annos proximos sectum erit, quot iugerum: pascua quot iugerum esse videantur: item silvae caeduae. omnia ipse qui defert aestimet. Illam aequitatem debet admittere censitor, ut officio eius congruat relevari eum, qui in publicis tabulis delato modo frui certis ex causis non possit. quare et si agri portio chasmate perierit, debebit per censitorem relevari. si vites mortuae sint vel arbores aruerint, iniquum eum numerum inseri censui: quod si exciderit arbores vel vites, nihilo minus eum numerum profiteri iubetur, qui fuit census tem-

die Gelder verzinst werden. Werden sie dies aber
nicht, so muß der Statthalter für die öffentliche Sicherheit bedacht sein, freilich ohne sich dabei als ein
verdrießlicher und kränkender Eintreiber zu erweisen, sondern als gemäßigt, bei aller Bestimmtheit
gütig und durchaus menschenfreundlich. Denn zwischen verantwortungsloser Überhebung und nicht-
anmaßender Gewissenhaftigkeit besteht ein großer
Unterschied. Außerdem muß er darauf sehen, daß
nicht öffentliche Gelder ausgeliehen werden ohne ge-
eignete Pfänder oder ohne hypothekarische Sicherheit.

STEUERWESEN

U l p i a n im 3. Buch über die Schätzungen: Durch Schät-
zungsordnung ist vorgesehen, daß ländliche Grundstücke folgendermaßen zur Schätzung vorgetragen
werden: der Name jedes Grundstücks, die Angabe
der Gemeinde und des Gaues, wo es liegt und die beiden nächsten Angrenzer. Ferner die Ackerlandfläche,
die während der letzten 10 Jahre bebaut war, nach
der Jochzahl, Weinland mit Angabe der Zahl der
Weinstöcke, Ölbäume unter Angabe der Joche und
der Anzahl der Bäume, Wiesenland, das innerhalb
der letzten 10 Jahre regelmäßig gemäht wurde, nach
der Jochzahl, Weideland nach Jochen und ebenso
schlagbares Holz. Alles dies hat der Anzeigende selbst
zu schätzen. Der amtliche Schätzer aber hat die Billigkeit walten zu lassen, daß er pflichtgemäß vorsieht,
eine Ermäßigung eintreten zu lassen, wenn jemand
aus bestimmten Gründen den Genuß in dem in die

pore, nisi causam excidendi censitori probaverit. . . .
Lacus quoque piscatorios et portus in censum dominus debet deferre. Salinae si quae sunt in praediis,
et ipsae in censum deferendae sunt. Si quis inqui-
linum vel colonum non fuerit professus, vinculis cen-
sualibus tenetur. . . . Si quis veniam petierit, ut censum sibi emendare permittatur, deinde post hoc im-
petratum cognoverit se non debuisse hoc petere, quia
res emendationem non desiderabat: nullum ei prae-
iudicium ex eo quod petiit, ut censum emendaret, fore
saepissime rescriptum est.

D. 50, 15, 4.

Callistratus libro quarto de cognitionibus Iliensi-
bus et propter inclutam nobilitatem civitatis et propter coniunctionem originis Romanae iam antiquitus
et senatus consultis et constitutionibus principum
plenissima immunitas tributa est, ut etiam tutelae

Schätzungslisten eingetragenen Umfang nicht ausüben kann. Daher muß er auch ermäßigen, wenn ein
Teil des Feldes durch Erdrutsch vernichtet wurde.
Sind Weinstöcke abgestorben oder Bäume verdorrt,
so wäre es unbillig, die volle Ziffer in die Schätzung
einzutragen. Hat der Geschätzte aber die Bäume oder
die Reben ausgehauen, muß er gleichwohl die volle
Zahl, wie sie im Zeitpunkt der Schätzungserklärung
vorlag, angeben, außer er hätte dem amtlichen Schätzer einen Grund für die Entfernung dartun können.
... Fischweiher und Fischgehege muß der Eigentümer
zur Schätzung angeben. Und wenn sich auf landwirt-
schaftlichem Besitz Salzgewinnungsstätten finden,
müssen sie ebenfalls vermerkt werden. Wenn einer
einen Mieter oder Pächter nicht angegeben hat, wird
er in Steuerhaft genommen ... Hat jemand um Erlaubnis nachgesucht, seine Schätzung verbessern zu
dürfen, nach Genehmigung aber festgestellt, daß er
das Gesuch gar nicht hätte stellen brauchen, weil die
Sache keine Verbesserung erforderte, so soll ihm, wie
zu wiederholten Malen durch Reskript entschieden
worden ist, aus dem Besserungsgesuch keinerlei Nachteil erwachsen.

Callistratus im 4. Buch über die amtlichen Untersuchungen: Den Bewohnern von Ilion (= Troia) ist
wegen der gefeierten Ruhmesstellung ihrer Stadt und
wegen ihres Zusammenhangs mit der Gründung Roms
schon in alter Zeit sowohl durch Senatsbeschlüsse wie
durch Verordnungen von Kaisern völlige Lastenfreiheit zugestanden worden, so daß sie sich auch der

excusationem habeant, scilicet eorum pupillorum, qui Ilienses non sint: idque divus Pius rescripsit.

D. 27, 1, 17, 1.

Callistratus libro primo de cognitionibus Quibusdam collegiis vel corporibus, quibus ius coeundi lege permissum est, immunitas tribuitur: scilicet eis collegiis vel corporibus, in quibus artificii sui causa unusquisque adsumitur, ut fabrorum corpus est et si qua eandem rationem originis habent, id est idcirco instituta sunt, ut necessariam operam publicis utilitatibus exhiberent.

D. 50, 6, 6, 12.

Imp. Constantinus A. ad Volusianum Medicos, et maxime archiatros vel ex archiatris, grammaticos et professores alios litterarum et doctores, una cum uxoribus et filiis, nec non et rebus, quas in civitatibus suis possident, ab omni functione et ab omnibus muneribus civilibus vel publicis immunes esse praecipimus. ... Mercedes etiam eorum et salaria reddi iubemus, quo facilius liberalibus studiis et memoratis artibus multos instituant. (321)

Cod. 10, 52, 6.

Heranziehung zur Vormundschaft entschlagen können, natürlich nur für die Mündel, die nicht Ilier sind. Und dies hat auch der verewigte Pius durch Reskript angeordnet.

C a l l i s t r a t u s im 1. Buch über die amtlichen Untersuchungen: Einigen Kollegien und Körperschaften, die gesetzlich das Recht haben, Vereine zu bilden, wird Lastenfreiheit gewährt, nämlich denjenigen, in welche jedes M.tglied gerade wegen seiner besonderen Kunstfertigkeit aufgenommen wird, wie z. B. bei der Körperschaft der gelernten Arbeiter und bei solchen, die denselben Entstehungsgrund haben, d. h. die deswegen gebildet wurden, damit sie eine für öffentliche Zwecke notwendige Tätigkeit ausüben.

Kaiser K o n s t a n t i n an Volusianus: Die Ärzte und besonders die Hof- und Leibärzte, die Sprachforscher und andere öffentliche Bekenner der Wissenschaften und Lehrer sollen zusammen mit ihren Frauen und Kindern und dem Vermögen, das sie in ihren Gemeinden besitzen, von jeder Abgabenerlegung und von sämtlichen privaten und öffentlichen Lasten frei sein. ... Und Wir bestimmen auch, daß ihnen ihre Vergütung und ihr Honorar geleistet wird, damit sie um so leichter imstande sind, viele in den freien Wissenschaften und in den genannten Künsten zu unterrichten.

AUSFUHRVERBOTE

Imppp. Valentinianus, Valens et Gratia-
nus A.A.A. ad Theodorum, Magistrum militum Ad barbari-
cum transferendi vini et olei et liquaminis nullam quisquam habeat facultatem, nec gustus quidem causa
aut usus commerciorum.   Cod. 4, 41, 1.

Imp. Marcianus A. Constantino P. P. Nemo alieni-
genis barbaris cuiuscumque gentis, ad hanc urbem
sacratissimam sub legationis specie vel sub quocun-
que alio colore venientibus, aut in diversis aliis civitatibus vel locis loricas, scuta, et arcus, sagittas, et
spathas, et gladios, vel alterius cuiuscunque generis
arma audeat venumdare, nulla prorsus iisdem tela,
nihil penitus ferri, vel facti iam vel adhuc infecti, ab
aliquo distrahatur. Perniciosum namque Romano
imperio et proditioni proximum est, barbaros, quos
indigere convenit, telis eos, ut validiores reddantur
instruere.

                                                         Cod. 4, 41, 2.

ÖFFENTLICHE VERKAUFSVERBOTE

Imppp. Valentinianus, Theodosius et Arca-
dius A.A.A. Fausto, Comiti sacrarum largitionum Fucandae
atque distrahendae purpurae vel in serico vel in lana,
quae blatta vel oxyblatta atque hyacinthina dicitur,
facultatem nullus possit habere privatus.

                                                         Cod. 4, 40, 1.

AUSFUHRVERBOTE

Die Kaiser V a l e n t i n i a n , V a l e n s und G r a t i a n an den Kriegsminister Theodorus: Niemand darf ins Ausland Wein, Öl und Fett verbringen, auch nicht zu Versuchszwecken oder im Warenaustauschverkehr.

Kaiser M a r c i a n u s an den Gardepräfekten Constantinus: Niemand soll sich vermessen, fremden barbarischen Stämmen irgendeines Volkes, die zu dieser heiligsten Stadt unter dem Schein einer Gesandtschaft oder unter irgendeinem anderen Vorwand kommen, oder auch in anderen Städten oder Plätzen, Rüstungen, Schilde, Bogen, Pfeile, Säbel, Schwerter oder Waffen irgendwelcher Art zu verkaufen. Überhaupt darf von niemand solchen Leuten etwas an Waffen oder Eisen, sei es nun fertig oder halbfertig, verkauft werden. Denn gefährlich ist es für das römische Imperium und grenzt an Landesverrat, solchen Volksstämmen, denen es an Waffen fehlen soll, diese zu liefern, damit sie stärker werden.

ÖFFENTLICHE VERKAUFSVERBOTE

Die Kaiser V a l e n t i n i a n , T h e o d o s i u s und A r - c a d i u s dem Finanzminister Faustus: Purpur einzufärben und zu verkaufen, mag es sich um Seide oder Wolle handeln und um sogenannten schwarzen, roten oder violetten Purpur, ist jeder Privatperson verboten.

ZOLLPFLICHTIGE WAREN

Marcianus libro singulari de delatoribus Species
pertinentes ad vectigal: cinnamomum: piper longum:
piper album: folium pentasphaerum: folium barbari-
cum: costum: costamomum: nardi stachys: cassia
turiana: xylocassia: smurna: amomum: zingiberi:
malabathrum: aroma Indicum: chalbane: laser: alche:
lucia: sargogalla: onyx Arabicus: cardamomum:
xylocinnamomum: opus byssicum: pelles Babyloni-
cae: pelles Parthicae: ebur: ferrum Indicum: carpa-
sum: lapis universus: margarita: sardonyx: cerau-
nium: hyacinthus: smaragdus: adamas: saffirinus:
callainus: beryllus: chelyniae: opia Indica vel ad-
serta: metaxa: vestis serica vel subserica: vela tincta
carbasea: nema sericum: spadones Indici: leones,
leaenae: pardi: leopardi: pantherae: purpura: item
marocorum lana: fucus: capilli Indici.

D. 89, 4, 16, 7.

ZWANGSBELASTUNG, ZWANGSENTEIGNUNG

Ulpianus libro vicensimo quinto ad edictum Si quis
sepulchrum habeat, viam autem ad sepulchrum non
habeat et a vicino ire prohibeatur, imperator Antoninus cum patre rescripsit iter ad sepulchrum peti
precario et concedi solere, ut, quotiens non debetur,
impetretur ab eo, qui fundum adiunctum habeat.
non tamen hoc rescriptum, quod impetrandi dat facultatem, etiam actionem civilem inducit, sed extra
ordinem interpelletur praeses et iam compellere debet

ZOLLPFLICHTIGE WAREN

Marcian in seiner Einzelschrift über die öffentlichen Angeber: Zollpflichtig sind: Zimmt, langer und weißer Pfeffer, Betel, Duftpflanze, Kostwurz, Gewürzpflanze, Narde, turischer Zimmt, Kassienholz, Myrrhe, Balsamstaude, Ingwer, Malabathrumöl, Indisches Gewürz, Räucherharz, Harzwurzel, Aloe, Heilsaft, Persischer Gummi, arabischer Onyx, Kardamom, Zimmtholz, Feines Leinen, Saffianleder, Partherfelle, Elfenbein, indisches Eisen, feiner Flachs, Opal, Perlen, Sardonyx, Rubin, Amethyst, Smaragd, Diamant, Saphir, grüner Diamant, Beryll, Schildpatt, Opium indischer oder ähnlicher Herkunft, Rohseide, reinseidene oder halbseidene Kleidungsstücke, bunte Musselinstoffe, Chinesisches Seidengespinst, indische Kastraten, Löwen und Löwinnen, Pardelkatzen, Leoparden, Panther, Purpurwolle, Marokkowolle, Purpurfarbe, indische Haare.

ZWANGSBELASTUNG, ZWANGSENTEIGNUNG

Ulpian im 25. Buch zum Edikt: Wenn jemand einen Begräbnisplatz hat aber keinen Zugangsweg, der dahin führt, und vom Nachbarn gehindert würde, dorthin zu gehen, hat unser Kaiser Antoninus mit seinem Vater durch Reskript angeordnet, daß man einen Weg dahin auf Ruf und Widerruf in der Regel verlangen und zugeteilt erhalten könne und zwar der Art, daß, wenn er auch nicht geschuldet werde, man ihn doch von dem Eigentümer des Nachbargrundstücks er-

iusto pretio iter ei praestari, ita tamen, ut iudex etiam de opportunitate loci prospiciat, ne vicinus magnum patiatur detrimentum.

D. 11, 7, 12.

I a v o l e n u s libro decimo ex Cassio Cum via publica vel fluminis impetu vel ruina amissa est, vicinus proximus viam praestare debet.

D. 8, 6, 14, 1.

U l p i a n u s libro sexagensimo octavo ad edictum viae autem publicae solum publicum est, relictum ad directum certis finibus latitudinis ab eo, qui ius publicandi habuit, ut ea publice iretur commearetur.

D. 43, 8, 2, 21.

POSTWESEN

Imp. C o n s t a n t i n u s A. Titiano Equos, qui publico cursui deputati sunt, non lignis vel fustibus, sed flagellis tantummodo agitari decernimus; poena non defutura contra eum, qui aliter fecerit. (316).

Cod. 12, 51, 1.

langen könne. Dieses Reskript, das die Möglichkeit
gibt, diesen Zugang zu erhalten, gewährt freilich keinen nach Zivilrecht klagbaren Anspruch, aber außer-
ordentlich mag man den Statthalter angehen und
dieser hat unter amtlichem Druck dafür zu sorgen,
daß dem Interessenten das Wegerecht zu einem angemessenen Preis eingeräumt wird und zwar so, daß
der Richter auch über den zweckmäßigen Verlauf des
Weges Vorsorge trifft, damit der Nachbar nicht einen
(zu) großen Schaden zu erleiden hat.

I a v o l e n im 10. Buch zu Cassius: Wenn ein öffentlicher Weg durch Überschwemmung oder durch Ein-
sturz zerstört worden ist, hat der nächste Anlieger
das zum Weg erforderliche Grundstück zur Verfügung
zu stellen.

U l p i a n im 68. Buch zum Edikt: Die Grundfläche des
öffentlichen Weges ist öffentliches Eigentum und
wurde der Öffentlichkeit in der entsprechenden Länge
und den genauen Breitenmaßen von dem Organ über-
lassen, das Enteignungsrecht hatte zum Zweck der
Ermöglichung des öffentlichen Fußgänger- und son-
stigen Verkehrs.

POSTWESEN

Kaiser K o n s t a n t i n an Titianus: Die Pferde, welche für die öffentlichen Posten bestimmt sind, dürfen
nicht mit Stangen oder Knüppeln angereizt werden,
sondern ausschließlich mit Peitschen, und es wird
nicht an der Strafe gegen Zuwiderhandelnde fehlen.

Imp. Constantius A. Tauro P. P. Evectiones ab omnibus postulentur, et tam iudices quam custodes publici cursus minime transire patiantur, antequam seriem evectionis adspexerint. Quodsi quis putaverit resistendum, et sine evectione iter facere detegitur, vel ultra tempus, quod evectioni insertum est, publico cursu uti conatus sit, ubi repertus fuerit, eundem iubemus retineri, et, si quidem dignitate praeditus sit, de eius nomine ad prudentiam tuam et ad illustrem virum comitem et magistrum officiorum referri. Adversus ceteros vero protinus indignatio competens exercenda est, quos sinceritas tua pro loco graduque militiae ibidem coerceri posse crediderit. (357).

Cod. 12, 51, 3.

Impp. Valentinianus et Valens et Gratianus A.A.A. ad Ampelium P. U. Evectionum copiam senatui, quum proficiscendi ad nos necessitas fuerit, serenitas nostra largita est, ita tamen, ut quum a nobis evocatur, aut a clementiae nostrae veneratione discedit.

Cod. 12, 51, 6.

Iidem A.A.A. ad Hesperium P. P. In omnibus provinciis veredorum quarta pars reparetur. Stabula autem ut impensis publicis exstruantur, contra rationem est,

Kaiser K o n s t a n t i u s an den Gardepräfekten Taurus: Erlaubnisscheine zur Benützung der Posten müssen von jedermann verlangt werden und sowohl die Aufsichtsbehörden wie das öffentliche Wachpersonal dürfen die Postzüge nicht passieren lassen, bevor sie die Reihe des Erlaubnisscheins eingesehen haben. Wenn jemand glaubt, dagegen handeln zu können und dann ohne Erlaubnisschein auf der Reise betroffen wird, oder wer versucht, über die Zeit hinaus, die im Schein vermerkt ist, die öffentlichen Posten zu benützen, diesen gegenüber befehlen Wir, wo immer man sie betritt, sie zu verhaften, und wenn die fragliche Person einen Ehrenposten bekleidet, ist über sie an deine Weisheit und an seine Exzellenz, den Innenminister, zu berichten. Gegen die übrigen aber ist sofort die entsprechende strenge Behandlung zu veranlassen, welche deine Rechtschaffenheit je nach dem Platz und amtlichen Grad ebenda als angemessene Strafe zu verhängen für gut findet.

Die Kaiser V a l e n t i n i a n und V a l e n s und G r a t i a n an den Stadtpräfekten Ampelius: Die Befugnis zur Benützung der Posterlaubnisscheine hat Unsere Herrlichkeit dem Senat verliehen, wenn es notwendig wird, daß er zu Uns reiset, dies aber nur in dem Fall, daß er von Uns zum Kommen aufgefordert wird oder dann, wenn er von der Verehrung Unserer Güte zurückkehrt.

Dieselben Kaiser an den Gardepräfekten Hesperius: In allen Provinzen muß der vierte Teil der Postpferde ergänzt werden. Daß die Stallungen aus staatlichen

quum provincialium sumtu, in quorum locis stabula
constituta sunt, citius arbitremur apparanda, et utilius sit tam publico quam his, quos stercus animalium
pro suo solatio habere concedimus. (377).

Cod. 12, 51, 7.

SONDERSTELLUNG DES KAISERS

Divi quoque Severus et Antoninus saepissime rescripserunt: 'licet enim' inquiunt 'legibus soluti su-
'mus, attamen legibus vivimus'.

Inst. 2, 17, 8.

VÖLKERRECHTLICHES

P o m p o n i u s libro trigensimo septimo ad Quintum Mucium Si quis legatum hostium pulsasset, contra ius
gentium id commissum esse existimatur, quia sancti
habentur legati. et ideo si, cum legati apud nos essent
gentis alicuius, bellum cum eis indictum sit, responsum est liberos eos manere: id enim iuri gentium convenit esse. itaque eum, qui legatum pulsasset, Quin-
tus Mucius dedi hostibus, quorum erant legati, solitus
est respondere. quem hostes si non recepissent, quaesitum est, an civis Romanus maneret: quibusdam
existimantibus manere, aliis contra, quia quem semel
populus iussisset dedi, ex civitate expulsisse videretur,
sicut faceret, cum aqua et igni interdiceret. in qua
sententia videtur Publius Mucius fuisse. id autem
maxime quaesitum est in Hostilio Mancino, quem

Mitteln bereitgestellt werden, ist unzweckmäßig, weil
sie nach Unserer Ansicht aus dem Aufwand der Provinzialen, in deren Örtlichkeiten auch die Ställe liegen,
schneller erstellt werden, und weil der größere Nutzen
nicht so fast bei der Öffentlichkeit als bei denjenigen
liegt, denen Wir hiemit gnädig bewilligen, daß sie zu
ihrem Trost den Dünger haben können.

SONDERSTELLUNG DES KAISERS

Severus und Antoninus haben sehr häufig Reskript
in dem Sinn erlassen: „Wenn Wir auch", schreiben
sie, „nicht unter den Gesetzen stehen, so richten Wir
unser Leben doch nach den Gesetzen ein."

VÖLKERRECHTLICHES

Pomponius im 37. Buch zu Q. Mucius: Wenn jemand einen Gesandten der Feinde mißhandelt, so
hält man dies für eine Verfehlung gegen das Völker-
recht, weil Gesandte für unverletzlich angesehen werden. Wenn daher Gesandte irgendeines Volkes bei uns
sind, und es wird diesem Volk nun Krieg erklärt, so hat
man sich gutachtlich geäußert, daß diese Gesandten
frei bleiben: dies ist nämlich völkerrechtlicher Grundsatz. Daher hat auch Q. Mucius gewöhnlich die Ansicht vertreten, daß derjenige, der einen Gesandten
tätlich angegriffen hat, dem feindlichen Volk, dessen
Gesandter er war, auszuliefern sei. Hatten diesen nun
die Feinde nicht angenommen, so erhob sich die
Frage, ob ein solcher noch römischer Bürger bleibe.
Die einen meinten dies, andere aber waren der gegen-

Numantini sibi deditum non acceperunt: de quo tamen lex postea lata est, ut esset civis Romanus, et praeturam quoque gessisse dicitur.

D. 50, 7, 18.

teiligen Ansicht, weil der, bezüglich dessen das Volk
einmal die Übergabe beschlossen hatte, als aus dem
Staat ausgewiesen anzusehen sei wie ein Geächteter.
Dieser Meinung scheint auch Publius Mucius gewesen zu sein. Diese Frage aber war ganz besonders
brennend bei Hostilius Mancinus, den die Numantiner
nach Auslieferung nicht annahmen; bezüglich dieses
Mannes wurde jedoch später ein besonderes Gesetz
eingebracht, daß er römischer Bürger sei und man erzählt sogar, daß er auch noch die Prätur bekleidet
habe.

III.
PRIVATRECHT

Personenrecht:
NATÜRLICHE PERSONEN

Ulpianus libro sexagensimo secundo ad edictum maior dignitas est in sexu virili.   D. 1, 9, 1, pr.

Gaius libro primo institutionum Summa itaque de iure personarum divisio haec est, quod omnes homines aut liberi sunt aut servi.   D. 1, 5, 3.

EHRE DES ALTERS

Callistratus libro primo de cognitionibus Semper in civitate nostra senectus venerabilis fuit: namque maiores nostri paene eundem honorem senibus, quem magistratibus tribuebant. circa munera quoque municipalia subeunda idem honor senectuti tributus est.
D. 50, 6, 6.

EMPFÄNGNISZEIT, LEIBESFRUCHT

Paulus libro nono decimo responsorum Septimo mense nasci perfectum partum iam receptum est propter auctoritatem doctissimi viri Hippocratis. et ideo credendum est eum, qui ex iustis nuptiis septimo mense natus est, iustum filium esse.
D. 1, 5, 12.

Ulpianus libro quarto decimo ad Sabinum De eo autem, qui centensimo octogensimo secundo die natus est, Hippocrates scripsit et divus Pius pontificibus rescripsit iusto tempore videri natum, nec videri in servitutem conceptum, cum mater ipsius ante centen-

Personenrecht:
NATÜRLICHE PERSONEN

Ulpian im 62. Buch zum Edikt: Die größere Würde liegt beim männlichen Geschlecht.

Gaius im 1. Buch seines Lehrbuchs: Die wichtigste Unterscheidung im Personenrecht ist, daß alle Menschen entweder frei oder Sklaven sind.

EHRE DES ALTERS

Callistratus im 1. Buch der amtlichen Untersuchungen: Immer war in unserem Staat das hohe Alter Gegenstand der Verehrung, denn unsere Vorfahren haben Greisen kaum eine geringere Ehre zuteil werden lassen als Beamten. Auch hinsichtlich der Übernahme von Gemeindeämtern hat man dem Alter die gleiche Ehre erwiesen.

EMPFÄNGNISZEIT, LEIBESFRUCHT

Paulus im 19. Buch der Gutachten: Im 7. Monat wird das voll entwickelte Kind geboren und dies ist anerkannte Lehre des besonders erfahrenen Hippokrates. Daher muß man annehmen, daß das aus gesetzmäßiger Ehe im 7. Monat geborene Kind ein rechtmäßiges eheliches Kind ist.

Ulpian im 14. Buch zu Sabinus: Bezüglich des Kindes, das am 182. Tag (nach Empfängnis) geboren wird, schrieb Hippokrates und im gleichen Sinn reskribierte der verewigte Pius den Priestern dahin, daß es in der richtigen Zeit geboren ist, und keinesfalls wäre das

simum octogensimum secundum diem esset manu-
missa.

D. 38, 16, 3, 12.

I u l i a n u s libro primo ad Urseium Ferocem nam et
Aristoteles scripsit quinque nasci posse, quia vulvae
mulierum totidem receptacula habere possunt: et esse
mulierem Romae Alexandrinam ab Aegypto, quae
quinque simul peperit et tum habebat incolumes, et
hoc et in Aegypto adfirmatum est mihi.

D. 46, 3, 36.

P a u l u s libro septimo decimo ad Plautium sed et Laelius scribit se vidisse in Palatio mulierem liberam,
quae ab Alexandria perducta est, ut Hadriano ostenderetur, cum quinque liberis, ex quibus quattuor eodem tempore enixa, inquit, dicebatur, quintum post
diem quadragensimum.

D. 5, 4, 3.

P a u l u s libro singulari de portionibus, quae liberis damnatorum conceduntur Qui in utero est, perinde ac si in
rebus humanis esset custoditur, quotiens de commodis ipsius partus quaeritur: quamquam alii antequam nascatur nequaquam prosit.

D. 1, 5, 7.

EHELICHES, UNEHELICHES KIND

C e l s u s libro vicensimo nono digestorum Cum legitimae nuptiae factae sint, patrem liberi sequuntur:

Kind als noch während des Sklavenstands der Mutter empfangen anzusehen, wenn seine Mutter vor dem 182. Tag freigelassen worden wäre.

I u l i a n im 1. Buch zu Urseius Ferox: Auch Aristoteles schrieb, daß Fünflinge geboren werden können, weil der Mutterleib für diese Anzahl noch geräumig sei und (Iulian bemerkt auch), daß eine Frau aus Alexandria in Ägypten in Rom lebte, die Fünflinge geboren und sie damals bei voller Gesundheit hatte und dasselbe wurde mir in Ägypten bestätigt.

P a u l u s im 17. Buch zu Plautius: Aber auch Laelius schreibt, daß er am kaiserlichen Hof eine freigeborne Frau gesehen habe, die von Alexandria herbeigeholt worden war, um Hadrian vorgestellt zu werden. Diese, berichtete er, hatte 5 Kinder, von welchen sie 4 zur gleichen Zeit geboren hatte, das fünfte aber, wie angegeben wurde, 40 Tage später.

P a u l u s in der Sonderschrift über die Anteile der Kinder Verurteilter: Bezüglich dessen, der erzeugt aber noch nicht geboren ist, wird es, wenn es sich um seine Vorteile handelt, immer so gehalten, wie wenn er schon ins menschliche Leben eingetreten wäre; einem anderen jedoch kann dies vor der Geburt des Kindes niemals zum Vorteil gereichen.

EHELICHES, UNEHELICHES KIND

C e l s u s im 29. Buch seiner Digesten: Im Fall einer gesetzmäßig geschlossenen Ehe folgen die Kinder dem

vulgo quaesitus matrem sequitur.

D. 1, 5, 19.

P a u l u s libro quarto ad edictum pater vero is est, quem nuptiae demonstrant.

D. 2, 4, 5.

U l p i a n u s libro nono ad Sabinum Filium eum definimus, qui ex viro et uxore eius nascitur. sed si fingamus afuisse maritum verbi gratia per decennium, reversum anniculum invenisse in domo sua, placet nobis Iuliani sententia hunc non esse mariti filium. non tamen ferendum Iulianus ait eum, qui cum uxore sua adsidue moratus nolit filium adgnoscere quasi non suum. sed mihi videtur, quod et Scaevola probat, si constet maritum aliquamdiu cum uxore non concubuisse infirmitate interveniente vel alia causa, vel si ea valetudine pater familias fuit, ut generare non possit, hunc, qui in domo natus est, licet vicinis scientibus, filium non esse.

D. 1, 6, 6.

P a u l u s libro secundo ad legem Iuliam et Papiam 'Anniculus' non statim ut natus est, sed trecentesimo sexagensimo quinto die dicitur, incipiente plane, non exacto die, quia annum civiliter non ad momenta temporum, sed ad dies numeramus.

D. 50, 16, 134.

Stand des Vaters; das uneheliche Kind folgt dem der Mutter.

P a u l u s im 4. Buch zum Edikt: Der Vater (des Kindes) ist der, auf den die geschlossene Ehe hinweist.

U l p i a n im 9. Buch zu Sabinus: Sohn ist der Abkömmling des Mannes und dessen Ehefrau. Nehmen wir aber an, der Mann wäre beispielsweise 10 Jahre abwesend gewesen und hätte nach seiner Rückkunft ein einjähriges Kind in seinem Hause vorgefunden, so schließen wir uns der Ansicht Iulians an, daß dieses Kind nicht der Sohn des Mannes sei. Man darf aber den nicht hören, meint Iulian, der mit seiner Ehefrau ständig zusammengelebt hat und nun einen Abkömmling nicht als den seinen anerkennen wollte. Ich aber glaube, und Scaevola ist derselben Ansicht, wenn feststeht, daß der Mann eine Zeitlang mit seiner Frau keinen Verkehr hatte, etwa wegen dazwischenliegender Schwäche oder aus anderem Grund, oder weil er zeugungsunfähig geworden war, so ist das im Haus geborene Kind, selbst bei Zeugnis der Nachbarn über dessen Geburt, nicht als Abkömmling des Vaters anzusehen.

P a u l u s im 2. Buch zum Julisch-Papischen Gesetz: Von einem Jahreskind spricht man nicht sogleich nach der Geburt, sondern am 365. Tage, und zwar mit dessen Beginn, nicht erst mit dessen Ablauf, weil wir in der bürgerlichen Berechnung das Jahr nicht unter Zugrundelegung der genauen Augenblicke, sondern nur nach Tagen zählen.

U l p i a n u s libro vicesimo quarto ad edictum Temporibus divorum fratrum cum hoc incidisset, ut maritus quidem praegnatem mulierem diceret, uxor ne-
garet, consulti Valerio Prisciano praetori urbano rescripserunt in haec verba: 'Novam rem desiderare
'Rutilius Severus videtur, ut uxori, quae ab eo diver-
'terat et se non esse praegnatem profiteatur, custo-
'dem apponat, et ideo nemo mirabitur, si nos quoque
'novum consilium et remedium suggeramus. igitur si
'perstat in eadem postulatione, commodissimum est
'eligi honestissimae feminae domum, in qua Domitia
'veniat, et ibi tres obstetrices probatae et artis et
'fidei, quae a te adsumptae fuerint, eam inspiciant,
'et si quidem vel omnes vel duae renuntiaverint prae-
'gnatem videri, tunc persuadendum mulieri erit, ut
'perinde custodem admittat, atque si ipsa hoc desi-
'derasset: quod si enixa non fuerit, sciat maritus ad
'invidiam existimationemque suam pertinere, ut non
'immerito possit videri captasse hoc ad aliquam mu-
'lieris iniuriam. si autem vel omnes vel plures non
'esse gravidam renuntiaverint, nulla causa custodiendi
'erit.'

D. 25, 4, 1,

Ulpian im 24. Buch zum Edikt: Als sich zu Zeiten der verewigten Brüderkaiser (Marc Aurel und Lucius Verus) der Fall ereignete, daß ein Mann angab, die Frau erwarte ein Kind, die Frau dies aber in Abrede stellte, erteilten die Kaiser nach Beratung dem Stadt-prätor Valerius Priscianus folgendes Reskript: „Ru-tilius Severus beantragt offenbar eine neue Sache, nämlich für seine Frau, die sich von ihm geschieden hatte und angab, kein Kind zu erwarten, eine Auf-sichtsperson aufzustellen, und daher wird sich nie-mand wundern, wenn Wir auf eine neue Maßnahme und Abhilfe hier bedacht sind. Wenn er daher auf seinem Antrag besteht, so soll man ein in jeder Hin-sicht entsprechendes Haus einer sehr ehrenwerten Frau auswählen, wohin die Domitia zu kommen hat, und dort sollen drei Hebammen, die in ihrer Kunst erfahren sind und auch als persönlich zuverlässig er-scheinen und die von dir auszuwählen sind, sie unter-suchen. Und wenn entweder alle drei oder wenigstens zwei die Schwangerschaft bestätigten, dann wird der Frau nahezulegen sein, daß sie nun eine Aufsichts-person zuläßt, wie wenn sie selbst den Antrag gestellt hätte. Hat sie aber nicht entbunden, möge der Mann wissen, daß seine öffentliche Verurteilung und sein Ruf mit auf dem Spiele steht, so daß es nicht als un-verschuldet angesehen werden kann, wenn er dies zur Verdächtigung einer Frau beantragt hat. Wenn aber alle oder die Mehrzahl der Hebammen berichtet ha-ben, daß keine Schwangerschaft vorliege, besteht kein Grund, für die Frau eine Aufsichtsperson zu bestel-len.‟

VÄTERLICHE GEWALT

Ius autem potestatis, quod in liberos habemus, proprium est civium Romanorum: nulli enim alii sunt homines, qui talem in liberos habeant potestatem, qualem nos habemus. Qui igitur ex te et uxore tua nascitur, in tua potestate est: item qui ex filio tuo et uxore eius nascitur, id est nepos tuus et neptis, aeque in tua sunt potestate, et pronepos et proneptis et deinceps ceteri.

Inst. 1, 9, 2.

VERWANDTSCHAFT, GRADE

Gaius libro octavo ad edictum provinciale Gradus cognationis alii superioris ordinis sunt, alii inferioris, alii ex transverso sive a latere. superioris ordinis sunt parentes, inferioris liberi, ex transverso sive a latere fratres et sorores liberique eorum. Sed superior quidem et inferior cognatio a primo gradu incipit, ex transverso sive a latere nullus est primus gradus et ideo incipit a secundo.

D. 38, 10, 1.

ex his palam est intellegere, quemadmodum ulterius quoque gradus numerare debemus: quippe semper generata quaeque persona gradum adiciat, ut longe facilius sit respondere, quoto quisque gradu sit, quam propria cognationis appellatione quemquam denotare. Inst. 3, 6, 7.

104

VÄTERLICHE GEWALT

Das Gewaltrecht, das wir gegenüber den Kindern haben, ist eine Besonderheit bei den römischen Bürgern. Es gibt nämlich keine anderen Menschen, die eine solche Gewalt den Kindern gegenüber haben, wie wir sie besitzen. Wer also von dir und deiner Ehefrau geboren wird, ist deiner Gewalt unterworfen; ebenso, wer Abkömmling deines Sohnes mit dessen Ehefrau ist, d. h. dein Enkel oder deine Enkelin. Auch diese gehören in gleicher Weise in deine Gewalt, desgleichen dein Urenkel und die Urenkelin usw.

VERWANDTSCHAFT, GRADE

G a i u s im 8. Buch zum Provinzialedikt: Die Verwandtschaftsgrade sind teils solche nach oben, teils solche nach unten, teils solche in die Quere oder Seite. Verwandte in aufsteigender Linie sind Eltern, solche absteigender Kinder. Seitenverwandte sind Brüder, Schwestern und deren Kinder. Die Verwandtschaft nach oben und nach unten beginnt je mit dem ersten Grad, bei der Seitenverwandtschaft gibt es keinerlei ersten Grad und sie beginnt mit dem zweiten. —

Es ist daraus ganz klar zu erkennen, wie man auch weitere Grade zu zählen hat: da immer die Geburt einer Person einen weiteren Grad hinzufügt, so können wir viel leichter feststellen, in welchem Grad jemand verwandt ist, als wenn wir jemand mit der zukommenden Verwandtschaftsbezeichnung nennen.

Modestinus libro duodecimo pandectarum adfines sunt viri et uxoris cognati, dicti ab eo, quod duae cognationes, quae diversae inter se sunt, per nuptias copulantur et altera ad alterius cognationis finem accedit: namque coniungendae adfinitatis causa fit ex nuptiis. Nomina vero eorum haec sunt: socer socrus, gener nurus, noverca vitricus, privignus privigna.

D. 38, 10, 4, 3.

Pomponius libro quarto ad Sabinum Iura sanguinis nullo iure civili dirimi possunt.

D. 50, 17, 8.

VERLÖBNIS

Florentinus libro tertio institutionum Sponsalia sunt mentio et repromissio nuptiarum futurarum.

D. 23, 1, 1.

Ulpianus libro trigesimo quinto ad Sabinum Sufficit nudus consensus ad constituenda sponsalia. Denique constat et absenti absentem desponderi posse, et hoc cottidie fieri: D. 23, 1, 4.

Pomponius libro sexto decimo ad Sabinum haec ita, si scientibus his qui absint sponsalia fiant aut si postea ratum habuerint.

D. 23, 1, 5.

106

M o d e s t i n im 12. Buch seiner Pandekten: Verschwägerte sind Blutsverwandte des Mannes und jene der Ehefrau, deswegen so genannt, weil zwei Blutsverwandtschaften, die unter sich verschieden sind, durch eine Eheschließung verbunden werden und die eine Blutsverwandtschaft sich mit der anderen abgeschlossenen verbindet. Denn die Ursache der Begründung der Schwägerschaft ist die Ehe. Ihre Namen aber sind: Schwiegervater, Schwiegermutter, Schwiegersohn, Schwiegertochter, Stiefmutter, Stiefvater, Stiefsohn, Stieftochter.

P o m p o n i u s im 4. Buch zu Sabinus: Rechte aus Blutsverwandtschaft können durch keinerlei Rechtsvorschriften beseitigt werden.

VERLÖBNIS

F l o r e n t i n im 3. Buch seiner Einführung: Verlöbnis ist Antrag und Annahme des Antrags, künftig die Ehe schließen zu wollen.

U l p i a n im 35. Buch zu Sabinus: Zum Verlöbnis genügt einfache Willenseinigung. Und schließlich kann ein Verlöbnis auch geschlossen werden, wenn beide Teile abwesend sind und dies geschieht alltäglich:

P o m p o n i u s im 16. Buch zu Sabinus: und zwar so, daß das Verlöbnis mit Wissen der Abwesenden geschlossen wird oder durch ihre nachfolgende Genehmigung.

M o d e s t i n u s libro quarto differentiarum In sponsalibus contrahendis aetas contrahentium definita non est ut in matrimoniis. quapropter et a primordio aetatis sponsalia effici possunt, si modo id fieri ab utraque persona intellegatur, id est, si non sint minores quam septem annis.

D. 23, 1, 14.

EHE

M o d e s t i n u s libro primo regularum Nuptiae sunt coniunctio maris et feminae et consortium omnis vitae, divini et humani iuris communicatio.

D. 23, 2, 1.

U l p i a n u s libro trigesimo tertio ad Sabinum non enim coitus matrimonium facit, sed maritalis affectio.

D. 24, 1, 32, 13.

Iustas autem nuptias inter se cives Romani contrahunt, qui secundum praecepta legum coeunt, masculi quidem puberes, feminae autem viripotentes, sive patres familias sint sive filii familias, dum tamen filii familias et consensum habeant parentum, quorum in potestate sunt.

Inst. 1, 10 pr.

G a i u s libro secundo ad legem Iuliam et Papiam Simulatae nuptiae nullius momenti sunt.

D. 23, 2, 30.

M o d e s t i n im 4. Buch seiner Unterscheidungen: Beim
Abschluß von Verlöbnissen ist kein bestimmtes Alter
der Vertragsteile vorgesehen wie bei der Eheschließung. Deshalb kann man Verlöbnisse schon im frühen
Alter eingehen, wenn nur jeder der beiden Teile weiß,
worum es sich handelt, also wenn das Alter nicht
unter 7 Jahren ist.

E H E

M o d e s t i n im 1. Buch seiner Regeln: Unter Ehe verstehen wir die Verbindung eines Mannes und einer
Frau zwecks völliger Lebensgemeinschaft, eine Ge-
meinschaft göttlichen und menschlichen Rechts.

U l p i a n im 33. Buch zu Sabinus: Nicht etwa der Ge-
schlechtsverkehr macht das Wesen der Ehe aus, sondern die Eheleuten geziemende gegenseitige Wert-
schätzung.

Eine gültige Ehe schließen unter sich römische
Bürger, wenn sie nach den Vorschriften der Gesetze
eingegangen wird, wobei die Männer mannbar, die
Frauen aber geschlechtsreif sein müssen. Die eheschließenden Männer können Familienhäupter sein
oder Haussöhne; letztere aber bedürfen der Zustimmung der (väterlichen) Aszendenten, in deren Gewalt sie sind.

G a i u s im 2. Buch zum Julisch-Papischen Gesetz: Eine
nur zum Schein eingegangene Ehe ist ohne jede
Rechtswirkung.

P a u l u s libro trigesimo quinto ad edictum Nuptiae consistere non possunt nisi consentiant omnes, id est qui coeunt quorumque in potestate sunt.

D. 23, 2, 2.

M o d e s t i n u s libro singulari de ritu nuptiarum Semper in coniunctionibus non solum quid liceat considerandum est, sed et quid honestum sit. Si senatoris filia neptis proneptis libertino vel qui artem ludicram exercuit cuiusve pater materve id fecerit nupserit, nuptiae non erunt.

D. 23, 2, 42.

M a r c i a n u s libro sexto decimo institutionum Capite trigesimo quinto legis Iuliae qui liberos quos habent in potestate iniuria prohibuerint ducere uxores vel nubere, vel qui dotem dare non volunt ex constitutione divorum Severi et Antonini, per proconsules praesidesque provinciarum coguntur in matrimonium collocare et dotare. prohibere autem videtur et qui condicionem non quaerit.

D. 23, 2, 19.

G a i u s libro undecimo ad edictum provinciale Nuptiae consistere non possunt inter eas personas quae in numero parentium liberorumve sunt, sive proximi sive ulterioris gradus sint usque ad infinitum.

D. 23, 2, 53.

110

P a u l u s im 35. Buch zum Edikt: Eine Eheschließung ist nur möglich unter Zustimmung aller, d. h. der Eheschließenden und derjenigen, in deren Familiengewalt sie stehen.

M o d e s t i n in der Sonderschrift über die Form der Eheschließung: Bei ehelichen Verbindungen muß nicht nur beachtet werden, was erlaubt ist, sondern auch, was ehrbar ist. Wenn die Tochter, Enkelin oder Urenkelin eines Senators einen Freigelassenen oder einen Schauspieler, oder jemand, dessen Vater oder Mutter dieses Gewerbe ausgeübt hat, heiratet, so ist dies keine gültige Ehe.

M a r c i a n im 16. Buch seiner Einführung: Diejenigen, welche dem 35. Kapitel des Iulischen Ehegesetzes zuwider Kinder, über welche sie Familiengewalt haben, ohne Grund an einer Heirat gehindert haben oder jene, welche Heiratsgut gemäß der Bestimmung der göttlichen Kaiser Severus und Antoninus nicht geben wollen, werden durch die Prokonsuln und die Statthalter gezwungen, die Verheiratung durchzuführen und die Ausstattung zu gewähren. Als Verhinderer einer Ehe gilt auch der, welcher eine Heiratsgelegenheit nicht sucht.

G a i u s im 11. Buch zum Provinzialedikt: Eine gültige Ehe kann nicht bestehen zwischen Abkömmlingen und Verwandten aufsteigender Linie, sei es im nächsten Grad oder im entfernteren, und zwar ohne Einschränkung.

Scaevola libro primo regularum Et nihil interest, ex iustis nuptiis cognatio descendat an vero non: nam et vulgo quaesitam sororem quis vetatur uxorem ducere. D. 23, 2, 54.

duas uxores eodem tempore habere non licet.

Inst. 1, 10, 6.

Si adversus ea quae diximus aliqui coierint, nec vir nec uxor nec nuptiae nec matrimonium nec dos intellegitur.

Inst. 1, 10, 12.

Imppp. Valentinianus, Theodosius et Arcadius A.A.A. Cynegio P.P. — Ne quis Christianam mulierem in matrimonium Iudaeus accipiat, neque Iudaeae Christianus coniugium sortiatur. Nam si quis aliquid huiusmodi admiserit, adulterii vicem commissi huiusmodi crimen obtinebit, libertate in accusandum publicis quoque vocibus relaxata. (388).

Cod. 1, 9, 6.

SCHEIDUNG

Papinianus libro primo de adulteriis Si paenituit eum, qui libellum tradendum divortii dedit, isque per ignorantiam mutatae voluntatis oblatus est, durare matrimonium dicendum, nisi paenitentia cognita is

S c a e v o l a im 1. Buch der Regeln: und es ist gleichgültig, ob diese Blutsverwandtschaft auf rechtmäßige Ehe zurückgeht oder nicht. Auch seine uneheliche Schwester darf niemand heiraten.

Zwei Frauen zur gleichen Zeit zu haben ist nicht erlaubt.

Wenn entgegen dem Ausgeführten eine Verbindung zustande kam, kann man nicht von einem Ehemann, einer Ehefrau, einer Eheschließung, einer gültigen Ehe und nicht von einem Heiratsgut reden.

Die Kaiser V a l e n t i n i a n , T h e o d o s i u s und A r - c a d i u s an den Gardepräfekten Cynegius: Kein Jude darf eine Christin ehelichen und kein Christ darf mit einer Jüdin die Ehe eingehen. Und wenn jemand etwas Derartiges begangen hat, wird ein solches Verbrechen wie vollendete Unzucht behandelt, und es wird die Anklagemöglichkeit dahin erweitert, daß sie auch durch öffentlichen Aufruf erfolgen kann.

SCHEIDUNG

P a p i n i a n im 1. Buch über den Ehebruch: Wenn es der, der einen Scheidungsbrief zur Übergabe an den anderen Teil weitergegeben hat, hinterher bereut, wenn aber der Scheidungsbrief in Unkenntnis darüber, daß sich der Wille inzwischen geändert hat, inzwischen übergeben wurde, so muß man sagen, daß die Ehe gleichwohl fortbesteht, außer der Empfänger

qui accepit ipse voluit matrimonium dissolvere: tunc
enim per eum qui accepit solvitur matrimonium.

D. 24, 2, 7.

HEIRATSGUT

P o m p o n i u s libro quinto decimo ad Sabinum Dotium
causa semper et ubique praecipua est: nam et publice
interest dotes mulieribus conservari, cum dotatas esse
feminas ad subolem procreandam replendamque liberis civitatem maxime sit necessarium.

D. 24, 3, 1.

P a u l u s libro quarto decimo ad Sabinum Dotis causa
perpetua est, et cum voto eius qui dat ita contrahitur,
ut semper apud maritum sit.

D. 23, 3, 1.

VORBEHALTSGUT

U l p i a n u s libro trigensimo primo ad Sabinum Ceterum
si res dentur in ea, quae Graeci παράφερνα dicunt
quaeque Galli peculium appellant, videamus, an statim efficiuntur mariti. et putem, si sic dentur ut
fiant, effici mariti, et cum distractum fuerit matrimonium, non vindicari oportet, sed condici, nec dotis
actione peti, ut divus Marcus et imperator noster cum
patre rescripserunt. plane si rerum libellus · marito

des Briefes hat nach Kenntnis der Reue des anderen
Teils selbst den Willen gehabt, die Ehe aufzulösen:
dann nämlich wird die Ehe aufgelöst seitens des Empfängers.

HEIRATSGUT

P o m p o n i u s im 15. Buch zu Sabinus: Die Frage der
Ausstattung der Frau ist stets und überall eine sehr
vordringliche. Denn es besteht auch ein öffentliches
Interesse daran und ist sehr notwendig, daß die
Frauen mit entsprechenden Mitteln versehen sind,
wenn es sich um die Hervorbringung von Nachkommenschaft handelt sowie um die Sicherstellung des
Nachwuchses im Staat.

P a u l u s im 14. Buch zu Sabinus: Der Rechtsgrund
für das Heiratsgut ist ein dauernder und es wird mit
dem feierlichen Versprechen dessen, der es gibt, zu
dem Zweck ausbedungen, daß es für immer bei dem
Ehemann verbleibt.

VORBEHALTSGUT

U l p i a n im 31. Buch zu Sabinus: Übrigens, wenn Sachen gegeben werden als Vorbehaltsgut, das die Griechen Paraphernalgut und die Gallier Peculium nennen, wollen wir sehen, ob diese Sachen auch sofort
Eigentum des Mannes werden. Ich möchte dafür halten, wenn dies der Zweck der Hingabe war, werden
sie es wohl; wird aber später die Ehe aufgelöst, dann
kann man sie nicht als Eigentum zurückfordern, son

detur, ut Romae vulgo fieri videmus (nam mulier res, quas solet in usu habere in domo mariti neque in dotem dat, in libellum solet conferre eumque libellum marito offerre, ut is subscribat, quasi res acceperit, et velut chirographum eius uxor retinet res quae libello continentur in domum eius se intulisse): hae igitur res an mariti fiant, videamus. et non puto, non quod non ei traduntur (quid enim interest, inferantur volente eo in domum eius an ei tradantur?), sed quia non puto hoc agi inter virum et uxorem, ut dominium ad eum transferatur, sed magis ut certum sit in domum eius illata, ne, si quandoque separatio fiat, negetur: et plerumque custodiam earum maritus repromittit, nisi mulieri commissae sint.

D. 23, 3, 9, 3.

dern nur die ungerechtfertigte Bereicherung verlangen, und man kann sie auch nicht als Heiratsgut verlangen, wie der verewigte Marcus und unser Kaiser
mit seinem Vater reskribiert hat. Vollends, wenn es
so geschieht, wie wir es gewöhnlich in Rom sehen,
daß nämlich dem Mann ein Sachverzeichnis übergeben wird (denn die Frau pflegt die Sachen, die sie
gewöhnlich im Hause des Mannes in Gebrauch hat
und die nicht als Heiratsgut von ihr gegeben sind, in
ein Verzeichnis einzutragen und dieses Verzeichnis
dem Mann vorzulegen, damit er unterschriftlich die
Übernahme dieser Sachen bestätige; und die Ehefrau
behält wie den Schuldschein die in dem Verzeichnis
aufgenommenen Sachen, deren Einbringung in das
Haus vermerkt ist), so wollen wir sehen, ob diese
Sachen Eigentum des Mannes werden. Ich glaube
das keineswegs. Nicht deswegen, weil sie ihm nicht
übergeben würden (macht es denn einen Unterschied,
ob sie mit seinem Willen in sein Haus eingebracht
werden oder ob sie ihm übergeben werden?), sondern
weil ich nicht glaube, daß die Absicht zwischen dem
Mann und der Frau dahin ging, daß ihm das Eigentum an den Sachen übertragen werden sollte, sondern eher dahin, daß das Einbringen in das Haus
festgestellt ist, damit es nicht, wenn es einmal zur
Trennung der Ehe kommen sollte, in Abrede gestellt
würde: und daher verspricht bezüglich dieser Sachen
in den meisten Fällen der Mann die Fürsorgepflicht,
außer sie wären der Frau zur Aufsicht anvertraut
worden.

ADOPTION

Adoptio autem duobus modis fit, aut principali rescripto aut imperio magistratus. imperatoris auctoritate adoptamus eos easve, qui quaeve sui iuris sunt. quae species adoptionis dicitur adrogatio. imperio magistratus adoptamus eos easve, qui quaeve in potestate parentium sunt.

Inst. 1, 11, 1.

Minorem natu non posse maiorem adoptare placet: adoptio enim naturam imitatur et pro monstro est, ut maior sit filius quam pater. debet itaque is, qui sibi per adrogationem vel adoptionem filium facit, plena pubertate, id est decem et octo annis praecedere.

Inst. 1, 11, 4.

EHRE

Callistratus libro primo de cognitionibus Existimatio est dignitatis inlaesae status, legibus ac moribus comprobatus, qui ex delicto nostro auctoritate legum aut minuitur aut consumitur. Minuitur existimatio, quotiens manente libertate circa statum dignitatis poena plectimur: sicuti cum relegatur quis vel cum ordine movetur vel cum prohibetur honoribus publicis fungi vel cum plebeius fustibus caeditur vel in opus publicum datur vel cum in eam causam quis incidit, quae edicto perpetuo infamiae causa enumeratur. Consumitur vero, quotiens magna capitis

ADOPTION

Eine Annahme an Kindesstatt erfolgt in zwei Arten, durch kaiserliches Reskript oder durch Amtsakt des Beamten. Auf erstere Art adoptieren wir Männer oder Frauen, die Personen eigener Rechtsstellung sind. Und diese Art der Annahme nennt man Arrogation. Durch Amtsakt des Beamten aber adoptieren wir diejenigen Personen männlichen oder weiblichen Geschlechts, die in der Gewalt ihrer (väterlichen) Aszendenten stehen.

Ein Jüngerer kann nicht einen Älteren an Kindesstatt annehmen; die Adoption ahmt nämlich die Natur nach und es wäre widernatürlich, wenn der Sohn älter wäre als der Vater. Daher muß derjenige, der jemand als seinen Sohn adoptiert, eine volle Entwicklungsstufe, d. i. 18 Jahre im Alter vorangehen.

EHRE

Callistratus im 1. Buch über die amtlichen Untersuchungen: Die Ehre ist der Zustand unverletzter Würde, den Gesetz und Sitten billigen, und der auf Grund gesetzlicher Vorschrift durch unser schuldhaftes Handeln entweder gemindert oder gar beseitigt wird. Vermindert wird er, wenn wir bei bestehenbleibender Freiheit mit einer Strafe, die den Bestand unserer Würde berührt, bestraft werden, so, wenn jemand verbannt wird oder aus einem Stand entfernt wird oder an der Verwaltung öffentlicher Funktionen gehindert wird oder als Mann niederen Standes die

minutio intervenit, id est cum libertas adimitur:
veluti cum aqua et igni interdicitur, quae in persona
deportatorum evenit, vel cum plebeius in opus me-
talli vel in metallum datur.

D. 50, 13, 5, 1.

VORMUNDSCHAFT

P a u l u s libro trigesimo octavo ad edictum Tutela est,
ut Servius definit, vis ac potestas in capite libero ad
tuendum eum, qui propter aetatem sua sponte se de-
fendere nequit, iure civili data ac permissa.

D. 26, 1, 1.

G a i u s libro duodecimo ad edictum provinciale Lege
duodecim tabularum permissum est parentibus liberis suis sive feminini sive masculini sexus, si modo
in potestate sint, tutores testamento dare. Item scire
debemus etiam postumis filiis vel nepotibus vel ceteris liberis licere parentibus testamento tutores dare,
qui modo in ea causa sint, ut, si vivo eo nati fuerint,
in potestate eius futuri sint neque testamentum rup-
turi.

D. 26, 2, 1.

120

Prügelstrafe erleidet, oder zu öffentlichen Zwangs-
arbeiten zur Strafe herangezogen wird, oder unter
einen Fall gerät, der nach dem Hadrianischen ständigen Edikt als Fall der Infamie aufgezählt ist. Verloren geht er aber, wenn die sogenannte große Ver-
minderung der Person eintritt, so bei Freiheitsverlust,
bei Ächtung, wie sie bei der Deportation folgt, oder
bei Verurteilung einer Person niederen Standes zu
Bergwerksarbeiten.

VORMUNDSCHAFT

P a u l u s im 38. Buch zum Edikt: Vormundschaft (Tu-
tel) ist, wie Servius definiert, das Gewaltrecht gegenüber einem freien Menschen um des Schutzes dessen
willen, der sich wegen seines (zarten) Alters nicht
selbst schützen kann; diese Gewalt ist vom zivilen
(national-römischen) Recht verliehen und zugelassen.

G a i u s im 12. Buch zum Provinzialedikt: Nach dem
Zwölftafelgesetz ist den Aszendenten erlaubt, für ihre
Kinder beiderlei Geschlechts, wenn sie in ihrer väterlichen Gewalt sind, im Testament Vormünder zu be-
stellen. Und ebenso müssen wir wissen, daß den genannten Personen gestattet ist, auch nachgeborenen
Kindern oder Enkeln oder den übrigen Abkömmlingen
im Testament Vormünder zu bestimmen, wenn diese
Abkömmlinge nur im Fall des Nichtablebens des Be-
stimmenden in seine väterliche Gewalt gekommen wären, ohne daß ein Ungültigkeitsgrund für die testa-
mentarische Bestimmung vorliegen würde.

Quibus autem testamento tutor datus non sit, his
ex lege duodecim tabularum adgnati sunt tutores,
qui vocantur legitimi. Sunt autem adgnati per virilis
sexus cognationem coniuncti, quasi a patre cognati,
veluti frater eodem patre natus, fratris filius neposve
ex eo, item patruus et patrui filius neposve ex eo.
at qui per feminini sexus personas cognatione iungun-
tur, non sunt adgnati, sed alias naturali iure cognati.

Inst. 1, 15, 1.

Si cui nullus omnino tutor fuerat, ei dabatur in
urbe quidem Roma a praetore urbano et maiore parte
tribunorum plebis tutor ex lege Atilia, in provinciis
vero a praesidibus provinciarum ex lege Iulia et Titia.

Inst. 1, 20.

Ulpianus libro trigesimo quarto ad edictum Solet
praetor frequentissime adiri, ut constituat, ubi filii
vel alantur vel morentur, non tantum in postumis,
verum omnino in pueris. Et solet ex persona, ex condicione et ex tempore statuere, ubi potius alendus sit:
et nonnumquam a voluntate patris recedit praetor.
denique cum quidam testamento suo cavisset, ut
filius apud substitutum educetur, imperator Severus
rescripsit praetorem aestimare debere praesentibus

122

Denjenigen aber, denen ein Vormund im Testament nicht bestellt wurde, sind nach Zwölftafelrecht die Agnaten Vormünder; solche Vormünder nennt man gesetzliche. Agnaten aber sind die durch Blutsverwandtschaft im männlichen Geschlecht Verbundenen, gewissermaßen Blutsverwandte väterlicher Seite, wie der Bruder, der den gleichen Vater hat, der Sohn des Bruders oder sein Enkel, ebenso der Onkel väterlicherseits und dessen Sohn oder Enkel. Keine Agnaten aber sind jene, welche durch Blutsverwandtschaft weiblicher Personen verbunden sind, vielmehr spricht man hier von nach natürlichem Recht durch Blutsverwandtschaft Verbundenen.

Wenn jemand überhaupt keinen Vormund hatte (weder einen testamentarischen, noch einen gesetzlichen), dann wird er ihm in der Stadt Rom vom Stadtprätor zusammen mit der Mehrzahl der Volkstribunen gemäß dem Atilischen Gesetz gegeben, in den Reichsprovinzen aber von den Statthaltern gemäß dem Iulisch-Titischen Gesetz.

Ulpian im 34. Buch zum Edikt: Sehr häufig pflegt man den Prätor anzugeben, daß er bestimme, wo Mündel zur Verpflegung und zur Wohnung untergebracht werden und zwar nicht nur, wenn es sich um Nachgeborene handelt, sondern ganz allgemein bei Jugendlichen. Und er trifft regelmäßig nach der Person, der besonderen Lage und der Zeit die Bestimmung, wo der Jugendliche untergebracht wird. Manchmal freilich weicht der Prätor dabei von dem Willen

ceteris propinquis liberorum: id enim agere praetorem oportet, ut sine ulla maligna suspicione alatur
partus et educetur.

D. 27, 2, 1.

Ulpianus libro trigesimo sexto ad edictum In omnibus quae fecit tutor, cum facere non deberet, item
in his quae non fecit, rationem reddet hoc iudicio,
praestando dolum, culpam et quantam in suis rebus
diligentiam.

D. 27, 3, 1.

GEISTESKRANKHEIT, VERSCHWENDUNG

Ulpianus libro primo ad Sabinum Lege duodecim
tabularum prodigo interdicitur bonorum suorum administratio, quod moribus quidem ab initio intro-
ductum est. sed solent hodie praetores vel praesides,
si talem hominem invenerint, qui neque tempus neque
finem expensarum habet, sed bona sua dilacerando
et dissipando profudit, curatorem ei dare exemplo
furiosi: et tamdiu erunt ambo in curatione, quamdiu

des Vaters ab. Als nämlich einmal jemand in seinem Testament bestimmt hatte, daß sein Sohn bei dem Ersatzerben erzogen werden solle (d. i. bei dem, der Erbe im Fall des Todes des zum Erben eingesetzten Mündels würde!), hat der Kaiser Severus den Bescheid erteilt, daß der Prätor die Umstände prüfen muß im Benehmen mit den übrigen Verwandten des Kindes. Denn darauf muß der Prätor sehen, daß Pflege und Erziehung des jungen Mündels unter Ausschluß jeden schlimmen Verdachts erfolgen.

U l p i a n im 36. Buch zum Edikt: Bei allen Handlungen, die ein Vormund vorgenommen hat, obwohl er sie nicht hätte vornehmen dürfen, und auch bei den Handlungen, die er unterlassen hat, muß er in diesem Verfahren Rechenschaft ablegen und eintreten für Vorsatz, Fahrlässigkeit und die Sorgfalt, die er in eigenen Angelegenheiten anzuwenden pflegt.

GEISTESKRANKHEIT, VERSCHWENDUNG

U l p i a n im 1. Buch zu Sabinus: Im Zwölftafelgesetz wird dem Verschwender die Verwaltung seines Vermögens untersagt, was anfänglich durch Sitte in Aufnahme kam. Heute aber pflegen die Prätoren oder Statthalter, wenn sie einen solchen Menschen antreffen, der weder Beschränkung noch Ziel seiner Ausgaben kennt, sondern sein Vermögen vergeudet, einen Vormund analog wie bei einem Geisteskranken zu ge-

vel furiosus sanitatem vel ille sanos mores receperit:
quod si evenerit, ipso iure desinunt esse in potestate
curatorum. Curatio autem eius, cui bonis interdicitur, filio negabatur permittenda: sed extat divi Pii
rescriptum filio potius curationem permittendam in
patre furioso, si tam probus sit.

D. 27, 10, 1.

P o m p o n i u s libro trigensimo quarto ad Sabinum Furiosi vel eius, cui bonis interdictum sit, nulla voluntas est.

D. 50, 17, 40.

U l p i a n u s libro undecimo ad edictum Apparet minoribus annis viginti quinque eum opem polliceri:
nam post hoc tempus compleri virilem vigorem constat. Et ideo hodie in hanc usque aetatem adulescen-
tes curatorum auxilio reguntur, nec ante rei suae
administratio eis committi debebit, quamvis bene rem
suam gerentibus.

D. 4, 4, 1, 2.

P a u l u s libro singulari de iuris et facti ignorantia Regula est iuris quidem ignorantiam cuique nocere, facti
vero ignorantiam non nocere. videamus igitur, in quibus speciebus locum habere possit, ante praemisso
quod minoribus viginti quinque annis ius ignorare

126

ben: und so lange bleiben beide unter Vormundschaft, bis der Geisteskranke gesundet bzw. jener vernünftige Sitten wieder angenommen hat. Ist dies der Fall, so kommen sie ohne weiteres aus der Aufsicht des Vormunds. Die Vormundschaft über den Verschwender überließ man einem Sohn nicht, bezüglich der Vormundschaft über den Geisteskranken, jedoch haben wir ein Reskript des verewigten Pius dahin, daß man den Sohn hier als Vormund zulassen soll, wenn er ein anständiger Mensch ist.

P o m p o n i u s im 34. Buch zu Sabinus: Der Geisteskranke oder der, dem die Vermögensverwaltung behördlich untersagt ist, hat keinen rechtsgeschäftlich bedeutsamen Willen.

U l p i a n im 11. Buch zum Edikt: Diese Hilfe (zum Schutz der Minderjährigen) versprach der Prätor den Personen unter 25 Jahren. Denn nach diesem Zeitpunkt besteht, wie bekannt, die volle Manneskraft. Und daher werden heute bis zu diesem Alter die jungen Leute mit Hilfe der Kuratoren geleitet, und nicht eher darf diesen jungen Leuten die Verwaltung ihres Vermögens überantwortet werden, mögen sie auch noch so gut für ihr Vermögen Sorge tragen.

P a u l u s in der Sonderschrift über Unkenntnis im Recht und in Tatsachenmomenten: Grundsatz ist, daß jedermann die Unkenntnis des Rechts schade, nicht aber jene tatsächlicher Umstände. Wir wollen daher sehen, in welchen Sonderfällen dies gelten kann, nachdem wir

permissum est. quod et in feminis in quibusdam causis
propter sexus infirmitatem dicitur: et ideo sicubi non
est delictum, sed iuris ignorantia, non laeduntur.

D. 22, 6, 9.

Personenrecht:
JURISTISCHE PERSONEN

G a i u s libro tertio ad edictum provinciale Quibus autem permissum est corpus habere collegii societatis
sive cuiusque alterius eorum nomine, proprium est
ad exemplum rei publicae habere res communes,
arcam communem et actorem sive syndicum, per
quem tamquam in re publica, quod communiter agi
fierique oporteat, agatur fiat.

D. 3, 4, 1, 1.

U l p i a n u s libro decimo ad edictum Si quid uni-
versitati debetur, singulis non debetur: nec quod debet universitas singuli debent. In decurionibus vel
aliis universitatibus nihil refert, utrum omnes idem
maneant an pars maneat vel omnes immutati sint.
sed si universitas ad unum redit, magis admittitur

zuvor dargestellt haben, daß Personen unter 25 Jahren die Rechtsunkenntnis gewissermaßen erlaubt ist. Dies gilt auch in gewissen Angelegenheiten bei dem weiblichen Geschlecht wegen dessen geringerer Festigkeit. Daher haben Frauenspersonen keinen Nachteil aus Rechtsunkenntnis, außer wenn sie unerlaubte Handlungen begingen.

Personenrecht:
JURISTISCHE PERSONEN

Gaius im 3. Buch zum Provinzialedikt: Denjenigen aber, welchen es gestattet ist, eine Vereins-, Zunft- oder sonstige Körperschaft zu bilden, ist es eigentümlich, nach dem Vorbild eines öffentlichen Gemeinwesens gemeinsame Vereinssachen, eine Vereinskasse und einen Vereinsvorstand oder Syndikus zu haben, durch welchen, wie im Staat, was gemeinsam veranlaßt und ausgeführt werden soll, erfolgt und betrieben wird.

Ulpian im 10. Buch zum Edikt: Wenn etwas einer Korporation geschuldet wird, so wird es nicht den einzelnen Mitgliedern derselben geschuldet, und was die Korporation als solche schuldet, schulden keineswegs die einzelnen Mitglieder für ihre Person. Bei Mitgliedern eines Beamtenvereins oder bei anderen Körperschaften spielt es keine Rolle, ob alle Mitglieder die gleichen bleiben oder ob nur ein Teil derselben verbleibt oder ob alle sich ändern. Würde aber die Körperschaft auf eine Einzelperson zusammen-

posse eum convenire et conveniri, cum ius omnium in unum recciderit et stet nomen universitatis.

D. 3, 4, 7, 1.

G a i u s libro primo institutionum Omne ius quo utimur vel ad personas pertinet vel ad res vel ad actiones.

D. 1, 5, 1.

Sachenrecht:

SACHIDENTITÄT

A l f e n u s libro sexto digestorum quod si quis putaret partibus commutatis aliam rem fieri, fore ut ex eius ratione nos ipsi non idem essemus qui abhinc anno fuissemus, propterea quod, ut philosophi dicerent, ex quibus particulis minimis consisteremus, hae cottidie ex nostro corpore decederent aliaeque extrinsecus in earum locum accederent. quapropter cuius rei species eadem consisteret, rem quoque eandem esse existimari.

D. 5, 1, 76.

ARTEN DER SACHEN

U l p i a n u s libro vicensimo nono ad edictum res esse possunt omnes et mobiles et soli.

D. 15, 1, 7, 4.

130

schrumpfen, so wird wohl mit Recht angenommen, daß diese Einzelperson klagen und verklagt werden kann, obwohl das Alle betreffende Recht auf eine Einzelperson zurückgefallen ist und nur dem Namen nach mehr eine Körperschaft besteht.

G a i u s im 1. Buch seiner Einführung: Das gesamte Recht, nach dem wir leben, erstreckt sich entweder auf Personen oder auf Sachen oder auf das Prozeßverfahren.

S a c h e n r e c h t :
SACHIDENTITÄT

A l f e n u s im 6. Buch seiner Digesten: ... Wenn man annähme, daß durch den Wechsel von Teilen die Sache eine andere wird, so wäre die Folge, daß wir selbst nicht mehr die wären, die wir noch vor einem Jahre waren, weil, wie die Philosophen lehrten, wir aus lauter kleinsten Teilen bestehen, die sich in unserem Körper täglich ersetzen und daraus ausscheiden, während andere von außen her ihren Platz einnehmen. Daher ist bei Weiterbestehen der gleichen äußeren Erscheinung einer Sache auch das Vorliegen der Identität der Sache anzunehmen.

ARTEN DER SACHEN

U l p i a n im 29. Buch zum Edikt: ... die Sachen können beweglich sein oder Boden (unbeweglich).

VERTRETBARE SACHEN,
ÖFFENTLICHE SACHEN U. A.

Gaius libro undecimo ad edictum provinciale Res in
dotem datae, quae pondere numero mensura con-
stant, mariti periculo sunt, quia in hoc dantur, ut
eas maritus ad arbitrium suum distrahat et quandoque soluto matrimonio eiusdem generis et qualitatis
alias restituat vel ipse vel heres eius.

D. 23, 3, 42.

Gaius libro secundo institutionum Summa rerum divisio in duos articulos deducitur: nam aliae sunt
divini iuris, aliae humani. divini iuris sunt veluti res
sacrae et religiosae. sanctae quoque res, veluti muri
et portae, quodammodo divini iuris sunt. quod autem
divini iuris est, id nullius in bonis est: id vero, quod
humani iuris est, plerumque alicuius in bonis est,
potest autem et nullius in bonis esse: nam res here-
ditariae, antequam aliquis heres existat, nullius in
bonis sunt. hae autem res, quae humani iuris sunt,
aut publicae sunt aut privatae. quae publicae sunt,
nullius in bonis esse creduntur, ipsius enim universitatis esse creduntur: privatae autem sunt, quae singulorum sunt. Quaedam praeterea res corporales sunt,
quaedam incorporales. corporales hae sunt, quae tangi
possunt, veluti fundus homo vestis aurum argentum
et denique aliae res innumerabiles: incorporales sunt,

VERTRETBARE SACHEN, ÖFFENTLICHE SACHEN U. A.

G a i u s im 11. Buch zum Provinzialedikt: Wenn Sachen als Heiratsgut gegeben werden, die nach Gewicht, Zahl oder Maß bestimmt werden, so stehen sie auf Gefahr des Mannes, weil sie darum gegeben werden, daß sie der Mann nach seinem Ermessen veräußert und im Fall der Auflösung der Ehe andere Sachen der gleichen Art und Güte zurückgibt, und zwar ent-weder er selbst oder sein Erbe.

G a i u s im 2. Buch seiner Einführung: Die wichtigste Einteilung der Sachen ist die in 2 Klassen: die einen sind göttlichen, die anderen menschlichen Rechts. Göttlichen Rechts sind die dem Gottesdienst geweihten und die den unterirdischen Göttern bestimmten Sachen. Auch die unter göttlichem Schutz stehenden Sachen, wie Stadtmauern und Stadttore sind gewissermaßen göttlichen Rechts. Was aber göttlichen Rechts ist, steht in niemands Eigentum, was indes menschlichen Rechts ist, steht meist im Eigentum, kann aber auch herrenlos sein, wie z. B. Erbschaftssachen, solange noch niemand als Erbe aufgetreten ist. Die Sachen aber, die menschlichen Rechts sind, sind entweder öffentliche oder private Sachen. Die öffentlichen Sachen hält man für in keiner Privatperson Eigentum stehend, sie gehören nämlich der öffentlichen Körperschaft an; private Sachen aber gehören den einzelnen Privaten. Außerdem gibt es körperliche Sachen und unkörperliche Gegenstände. Körperlich sind die greifbaren, wie ein Grundstück, ein Sklave,

quae tangi non possunt, qualia sunt ea, quae in iure
consistunt, sicut hereditas, usus fructus, obligationes
quoquo modo contractae.

D. 1, 8, 1, 1.

Marcianus libro tertio institutionum Quaedam naturali iure communia sunt omnium, quaedam universitatis, quaedam nullius, pleraque singulorum,
quae variis ex causis cuique adquiruntur. Et quidem
naturali iure omnium communia sunt illa: aer, aqua
profluens, et mare, et per hoc litora maris.

D. 1, 8, 2.

Florentinus institutionum libro sexto Item lapilli,
gemmae ceteraque, quae in litore invenimus, iure naturali nostra statim fiunt.

D. 1, 8, 3.

Marcianus libro tertio institutionum Universitatis
sunt, non singulorum veluti quae in civitatibus thea-
tra et stadia et similia et si qua alia sunt communia
civitatium.

D. 1, 8, 6, 1.

BESTANDTEILE, ZUBEHÖR

Gaius libro secundo rerum cottidianarum sive aureorum:
Si alienam plantam in meo solo posuero, mea erit:

ein Kleid, Gold, Silber, kurz eine ganze Reihe un-
zähliger anderer Sachen; nichtkörperliche Gegenstände sind die nicht greifbaren, wie jene, welche in
Rechten bestehen, wie eine Erbschaft als solche, ein
Nießbrauchsrecht, Schuldverhältnisse, die aus irgendeinem Grund zustande kamen.

M a r c i a n im 3. Buch seiner Einführung: Es gibt Sachen, die nach natürlichem Recht allen gemeinsam
sind, solche, die einer Körperschaft gehören, solche,
die in niemands Eigentum stehen; die meisten stehen
im Privateigentum und dieses kann jemand dann aus
den verschiedensten Rechtsgründen erwerben. Die
Sachen, die nach natürlichem Recht allen gemeinsam
sind, sind folgende: Die Luft, das fließende Wasser,
das Meer und damit das Meeresgestade.

F l o r e n t i n im 6. Buch seiner Einführung: Daher werden Steinchen, Edelsteine und all das, was wir am
Meeresgestade finden (und an uns nehmen), nach natürlichem Recht sofort unser Eigentum.

M a r c i a n im 3. Buch seiner Einführung: Dem Gemeinwesen als solchen, nicht den Einzelnen gehören z. B.
Theater, Rennbahnen in Städten und ähnliche Ein-
richtungen sowie andere dem gemeinsamen Zweck
öffentlicher Gemeinwesen dienende Anlagen.

BESTANDTEILE, ZUBEHÖR

G a i u s im 2. Buch der täglichen Dinge oder der goldenen
Regeln: Wenn ich eine fremde Pflanze in meinen

ex diverso si meam plantam in alieno solo posuero,
illius erit: si modo utroque casu radices egerit: antequam enim radices ageret, illius permanet, cuius et
fuit.

D. 41, 1, 7, 13.

Ulpianus libro trigesimo secundo ad edictum Labeo
generaliter scribit ea, quae perpetui usus causa in
aedificiis sunt, aedificii esse, quae vero ad praesens,
non esse aedificii: ut puta fistulae temporis quidem
causa positae non sunt aedium, verum tamen si perpetuo fuerint positae, aedium sunt. Castella plumbea,
putea, opercula puteorum, epitonia fistulis adplum-
bata (aut quae terra continentur, quamvis non sint
adfixa) aedium esse constat. Item constat sigilla,
columnas quoque et personas, ex quorum rostris aqua
salire solet, villae esse.

D. 19, 1, 17, 7.

Iavolenus libro septimo ex Cassio Tegulae, quae
nondum aedificiis impositae sunt, quamvis tegendi
gratia allatae sunt, in rutis et caesis habentur: aliud
iuris est in his, quae detractae sunt ut reponerentur:
aedibus enim accedunt.

D. 19, 1, 18, 1.

Grund einsetze, wird sie mein Eigentum, und umgekehrt, wenn ich meine Pflanze in fremden Boden einsetze, wird sie Eigentum des Grundeigentümers: in beiden Fällen aber erst dann, wenn sie Wurzeln getrieben hat; vorher dagegen verbleibt das Eigentum beim bisherigen Eigentümer.

U l p i a n im 32. Buch zum Edikt: Labeo schreibt allgemein, daß die Gegenstände, die des ständigen Gebrauchs wegen in Gebäuden sich befinden, zum Gebäude gehören, nicht aber die, welche nur vorübergehend dort sind. So sind Röhren, die nur vorübergehend angebracht sind, nicht Bestandteile von Gebäuden, wohl aber dann, wenn sie für ständig dort eingefügt sind. Dagegen sind Wasserschlösser aus Blei, Brunnen, Wasserleitungswerke, mit den Röhren verschweißte Hähne oder Leitungen, die in der Erde stecken, mögen sie auch nicht fest eingebaut sein, Zugehörungen der Gebäude. Ebenso steht fest, daß Statuetten, Ziersäulen und Figuren, aus deren Maul regelmäßig Wasser springt, Zugehörungen eines Landhauses sind.

I a v o l e n im 7. Buch zu Cassius: Dachziegel, die in Gebäude noch nicht eingefügt sind, mögen sie auch bereits zum Bedachungszweck herbeigeschafft liegen, gehören zum rohen Baumaterial: anders aber ist es, wenn sie herabgenommen lagern zum Zweck der Wiederanbringung: diese nämlich sind Bestandteile des Hauses.

Privatrecht

BESITZ

P a u l u s libro quinquagensimo quarto ad edictum Ofilius quidem et Nerva filius etiam sine tutoris auctoritate possidere incipere posse pupillum aiunt: eam
enim rem facti, non iuris esse: quae sententia recipi
potest, si eius aetatis sint, ut intellectum capiant.

D. 41, 2, 1, 3.

BESITZSCHUTZ

U l p i a n u s libro sexagensimo nono ad edictum Ait
praetor: 'Uti eas aedes, quibus de agitur, nec vi nec
'clam nec precario alter ab altero possidetis, quo mi-
'nus ita possideatis, vim fieri veto' . . . Hoc interdictum
de soli possessore scriptum est, quem potiorem praetor in soli possessione habeat, et est prohibitorium
ad retinendam possessionem. Huius autem interdicti
proponendi causa haec fuit, quod separata esse debet
possessio a proprietate: fieri etenim potest, uter alter
possessor sit, dominus non sit, alter dominus quidem
sit, possessor vero non sit: fieri potest, ut et possessor
idem et dominus sit.

D. 43, 17, 1.

138

BESITZ

P a u l u s im 54. Buch zum Edikt: Ofilius und der jüngere Nerva sagen, daß ein Mündel auch ohne Veranlassung seines Vormundes ein Besitzverhältnis beginnen kann, denn hier handelt es sich lediglich um ein tatsächliches Gewaltverhältnis, nicht um ein Recht, und diese Ansicht kann man billigen, wenn die Mündel wenigstens in dem Alter sind, wo sie wissen, was sie wollen.

BESITZSCHUTZ

Ulpian im 69. Buch zum Edikt: Der Prätor bestimmt: „So wie ihr dieses Haus, um das es sich handelt, einer dem anderen gegenüber in tatsächlicher Gewalt habt, unter der Voraussetzung, daß der Besitz weder gewaltsam noch heimlich noch auf Ruf und Widerruf im gegenseitigen Verhältnis erlangt wurde, so verbiete ich jede Gewaltanwendung nach der Richtung, daß ihr den Besitz nicht mehr weiter in dieser Weise habt." ... Dieses Interdikt ist schriftlich niedergelegt bezüglich des Grundstücksbesitzers, dem der Prätor die günstigere Stellung im Grundstücksbesitz zuweisen will. Es ist ein Verbotsinterdikt gegen Besitzstörung. Der Grund der Aufstellung dieses Edikts aber ist, daß man Besitz von Eigentum wohl unterscheiden muß: es kann nämlich sein, daß der eine Grundstücksbesitzer ist, aber nicht der Eigentümer desselben, der andere aber Eigentümer, doch keineswegs der Besitzer; es kann aber auch sein, daß die gleiche Person sowohl Eigentümer als Besitzer ist.

U l p i a n u s libro sexagensimo nono ad edictum etenim fuit aequissimum vi deiecto subvenire: propter quod ad reciperandam possessionem interdictum hoc proponitur.

D. 43, 16, 1.

BESITZERWERB, BESITZVERLUST

P a u l u s libro quinquagensimo quarto ad edictum Possideri autem possunt, quae sunt corporalia. Et apiscimur possessionem corpore et animo, neque per se animo aut per se corpore. quod autem diximus et corpore et animo adquirere nos debere possessionem, non utique ita accipiendum est, ut qui fundum possidere velit, omnes glebas circumambulet: sed sufficit quamlibet partem eius fundi introire, dum mente et cogitatione hac sit, uti totum fundum usque ad terminum velit possidere.

D. 41, 2, 3.

P o m p o n i u s libro vicensimo tertio ad Quintum Mucium Si id quod possidemus ita perdiderimus, ut ignoremus, ubi sit, desinimus possidere. Et per colonos et inquilinos aut servos nostros possidemus: et si moriantur aut furere incipiant aut alii locent, intellegimur nos retinere possessionem.

D. 41, 2, 25.

Ulpian im 69. Buch zum Edikt: ... es war sehr am Platz, jemand, der mit Gewalt aus dem Besitz entfernt wurde, zu Hilfe zu kommen und deshalb ist zur Wiedererlangung des Besitzes dieses Interdikt aufgestellt.

BESITZERWERB, BESITZVERLUST

Paulus im 54. Buch zum Edikt: In Besitz haben kann man körperliche Gegenstände. Und wir erlangen den Besitz durch das körperliche Gewaltverhältnis sowohl wie durch unsere Willensrichtung und an sich nicht durch das eine oder das andere. Diesen Besitzerwerb durch Zusammenwirken des körperlichen und des Willensmoments dürfen wir aber keineswegs dahin auffassen, daß etwa nötig wäre, wenn man ein Grundstück in Besitz nehmen will, um sämtliche Schollen des Grundstücks zu gehen, sondern es genügt, einen beliebigen Grundstücksteil zu betreten, wenn nur der Wille und die Absicht dabei besteht, das ganze Grundstück bis an die Grenze besitzen zu wollen.

Pomponius im 23. Buch zu Q. Mucius: Verlieren wir das, was wir besitzen, derart, daß wir nicht wissen, wo es sich befindet, hört unser Besitz auf. Wir besitzen auch durch Vermittlung unserer Pächter und Mieter oder durch unsere Sklaven. Auch wenn diese Leute versterben oder in Geisteskrankheit verfallen oder die Sache einem anderen weitervermieten, ist anzunehmen, daß wir den Besitz weiter behalten.

141

EIGENTUM

Impp. D i o c l e t i a n u s et M a x i m i a n u s A.A. Iuliano. — Nullo iusto titulo praecedente possidentes ratio iuris quaerere dominium prohibet.

Cod. 3, 32, 24.

G a i u s libro secundo rerum cottidianarum sive aureorum
Omnia igitur animalia, quae terra mari caelo capiuntur, id est ferae bestiae et volucres pisces, capientium fiunt.

D. 41, 1, 1.

G a i u s libro secundo rerum cottidianarum sive aureorum
Quidquid autem eorum ceperimus, eo usque nostrum esse intellegitur, donec nostra custodia coercetur: cum vero evaserit custodiam nostram et in naturalem libertatem se receperit, nostrum esse desinit et rursus occupantis fit:

D. 41, 1, 3.

F l o r e n t i n u s libro sexto institutionum nisi si mansuefacta emitti ac reverti solita sunt.

D. 41, 1, 4.

G a i u s libro secundo rerum cottidianarum sive aureorum
Examen, quod ex alveo nostro evolaverit, eo usque nostrum esse intellegitur, donec in conspectu nostro est nec difficilis eius persecutio est: alioquin occupantis fit. Pavonum et columbarum fera natura est nec ad rem pertinet, quod ex consuetudine avolare et revolare solent: nam et apes idem faciunt, quarum

EIGENTUM

Die Kaiser **D i o k l e t i a n** und **M a x i m i n i a n** an Iulianus: Wenn keine rechtliche Voraussetzung besteht,
läßt die Rücksicht auf das Recht nicht zu, daß bloße
Sachbesitzer Sacheigentum in Anspruch nehmen.

G a i u s im 2. Buch der täglichen Rechtsdinge oder der goldenen Regeln: Alle Tiere, die auf der Erde, dem Meer
oder in der Luft gefangen werden, also wilde Tiere,
Vögel und Fische werden Eigentum derjenigen, welche sie fangen.

G a i u s an obengenannter Stelle: Was wir aber von
diesen gefangen haben, bleibt so lange unser Eigentum, solange es unserem Gewahrsam unterliegt; ist
es dagegen aus diesem gelangt und wieder in die natürliche Freiheit zurückgekehrt, hört unser Eigentum
auf und das Eigentum erlangt wieder der, der sich
der Tiere bemächtigt:

F l o r e n t i n im 6. Buch seines Lehrbuchs: außer das
Tier ist gezähmt und hat sich an Auslauf und regel-
mäßige Rückkehr gewöhnt.

G a i u s an obiger Stelle: Ein Schwarm, der aus unserem
Bienenstock ausflog, bleibt so lange unser Eigentum,
als wir ihn wahrnehmen und leicht verfolgen können,
anderenfalls erlangt Eigentum daran, wer sich seiner
bemächtigt. Pfaue und Tauben haben wilde Natur
und es ist gleichgültig, ob sie sich an das Weg- und
Zurückfliegen gewöhnt haben, denn auch Bienen tun

constat feram esse naturam: cervos quoque ita quidam mansuetos habent, ut in silvas eant et redeant,
quorum et ipsorum feram esse naturam nemo negat.
in his autem animalibus, quae consuetudine abire et
redire solent, talis regula comprobata est, ut eo usque
nostra esse intellegantur, donec revertendi animum
habeant, quod si desierint revertendi animum habere,
desinant nostra esse et fiant occupantium. intellegun-
tur autem desisse revertendi animum habere tunc,
cum revertendi consuetudinem deseruerint. Gallina-
rum et anserum non est fera natura: palam est enim
alias esse feras gallinas et alios feros anseres. itaque si
quolibet modo anseres mei et gallinae meae turbati
turbataeve adeo longius evolaverint, ut ignoremus, ubi
sint, tamen nihilo minus in nostro dominio tenentur.
qua de causa furti nobis tenebitur, qui quid eorum
lucrandi animo adprehenderit.

D. 41, 1, 5, 4.

VERARBEITUNG

Si quis in aliena tabula pinxerit, quidam putant
tabulam picturae cedere: aliis videtur picturam,
qualiscumque sit, tabulae cedere. sed nobis videtur
melius esse tabulam picturae cedere: ridiculum est

dasselbe, die von Natur aus wilde Tiere sind. Auch
Hirsche halten manche zahm in der Art, daß sie in
Wälder gehen und zurückkommen, und jedermann
wird deren Natur für wild ansehen. Bei denjenigen
Tieren aber, die nach ihrer Gewohnheit weggehen und
zurückkehren, ist als Regel gebilligt, daß man sie so
lange als unser Eigentum ansieht, als sie den Willen
haben, wieder zurückzukehren, anderenfalls aber verlieren wir unser Eigentum an ihnen und sie werden
Eigentum derjenigen, die sich ihrer bemächtigen.
Den Willen zur Rückkehr haben sie aber offenbar
dann verloren, wenn sie die Gewohnheit, zurückzukehren, aufgaben. Hühner und Gänse dagegen haben
keine wilde Natur und es ist offenbar, daß es sich bei
wilden Hühnern und Wildgänsen anders verhält.
Wenn daher aus irgendeinem Anlaß unsere Gänse und
Hühner aufgescheucht wurden und so weit wegge-
flogen sind, daß wir gar nicht wissen, wo sie sich
befinden, so verbleiben sie doch gleichwohl in unserem
Eigentum. Daher ist uns derjenige, der in der Absicht
sich zu bereichern, ein solches Stück an sich genommen hat, wegen Diebstahls verantwortlich.

VERARBEITUNG

Wenn jemand auf einem ihm nicht gehörigen Brett
gemalt hat, so meinen die einen, daß das Brett nun
rechtlich dem Gemälde zu folgen habe, andere meinen
umgekehrt, daß das Gemälde, welcher Art es auch
sei, dem Brett rechtlich den Vorzug geben müsse. Uns
aber scheint es vorzuziehen zu sein, daß das Brett

enim picturam Apellis vel Parrhasii in accessionem vilissimae tabulae cedere.

Inst. 2, 1, 34.

P a u l u s libro vicensimo primo ad edictum In omnibus igitur istis, in quibus mea res per praevalentiam alienam rem trahit meamque efficit, si eam rem vindicem, per exceptionem doli mali cogar pretium eius quod accesserit dare.

D. 6, 1, 23, 4.

EIGENTUMSERWERB DURCH ÜBERGABE

G a i u s libro secundo rerum cottidianarum sive aureorum Hae quoque res, quae traditione nostrae fiunt, iure gentium nobis adquiruntur: nihil enim tam conveniens est naturali aequitati quam voluntatem domini volentis rem suam in alium transferre ratam haberi ... Interdum etiam sine traditione nuda voluntas domini sufficit ad rem transferendam, veluti si rem, quam commodavi aut locavi tibi aut apud te deposui, vendidero tibi: licet enim ex ea causa tibi eam non tradiderim, eo tamen, quod patior eam ex causa emptionis apud te esse, tuam efficio. Item si quis merces in horreo repositas vendiderit, simul atque claves horrei tradiderit emptori, transfert proprietatem mercium ad emptorem. Hoc amplius interdum et in incertam personam collocata voluntas domini transfert rei proprietatem: ut ecce qui missilia iactat in vulgus, ignorat enim, quid eorum quisque

der Malerei weichen muß. Denn es wäre lächerlich, wenn die Malerei von Künstlern wie Apelles oder Parrhasius in Verbindung mit einer ganz wertlosen Unterlage rechtlich dieser nachstehen müßte.

P a u l u s im 21. Buch zum Edikt: In allen Fällen freilich, wo die mir gehörige Sache wegen ihrer überwiegenden Bedeutung eine fremde Sache mit sich zieht und zu meinem Eigentum macht, werde ich, wenn ich die Herausgabe der gesamten Sache an mich verlange, durch die Einrede der Arglist gezwungen, den Mehrwert zu ersetzen.

EIGENTUMSERWERB DURCH ÜBERGABE

G a i u s im 2. Buch wie oben: Das Eigentum an den Sachen, die durch Besitzübergabe zu unseren werden, erwerben wir nach Allnationenrecht: nichts nämlich entspricht so sehr der natürlichen Billigkeit, als daß man den Willen des Eigentümers, der das Eigentum an seiner Sache auf einen anderen zu übertragen wünscht, anerkannt sehen will.... Bisweilen aber genügt ohne Sachübergabe der Wille des Eigentümers, das Eigentum auf den Erwerber zu übertragen, so z. B., wenn ich die Sache, die ich dir geliehen oder vermietet oder die ich dir in Verwahrung gegeben habe, dir verkauft habe: wenn ich sie dir auch nicht in Eigentumsverschaffungsabsicht übergeben habe, mache ich sie doch dann zu deinem Eigentum, wenn mein Wille dahin geht, daß sie nun mit Rücksicht auf den Kauf bei dir bleibe. Und ebenso überträgt der, der in einem Lagerraum liegende

excepturus sit, et tamen quia vult quod quisque ex-
ceperit eius esse, statim eum dominum efficit. Alia
causa est earum rerum, quae in tempestate maris
levandae navis causa eiciuntur: hae enim dominorum
permanent, quia non eo animo eiciuntur, quod quis
eas habere non vult, sed quo magis cum ipsa nave
periculum maris effugiat. qua de causa si quis eas
fluctibus expulsas vel etiam in ipso mari nanctus
lucrandi animo abstulerit, furtum committit.

D. 41, 1, 9, 3; 5.

Ulpianus libro sexagensimo quinto ad edictum Non
est novum, ut qui dominium non habeat, alii dominium praebeat: nam et creditor pignus vendendo causam dominii praestat, quam ipse non habuit.

D. 41, 1, 46.

Waren verkauft, das Eigentum an diesen Waren an
den Käufer, sobald er dem Käufer die Schlüssel zum
Lagerraum übergeben hat. Weiterhin überträgt mit-
unter der auf eine unbekannte Person gerichtete Wille
des Eigentümers das Eigentum an einer Sache: so
wenn jemand etwas unter die Volksmenge wirft, wobei er nicht weiß, was jeder von den Leuten davon
für sich erhalten wird; trotzdem macht er den Empfänger sogleich zum Eigentümer, weil er will, daß jeder Eigentümer der Sachen sein soll, die er errafft
hat. Bei Sachen, die während eines Sturms auf hoher
See, um das Schiff zu erleichtern über Bord geworfen
werden, verhält es sich dagegen anders: diese Sachen
verbleiben im Eigentum der bisherigen Eigentümer;
denn der Wurf erfolgt nicht deswegen, weil der bis-
herige Eigentümer etwa die Sachen nicht mehr im
Eigentum haben will, sondern deswegen, damit der
Schiffer um so leichter mit seinem Schiff der Gefahr
des Meeres entgehe. Wenn daher jemand solche von
den Wellen angespülte Güter oder auch noch der-
gleichen auf hoher See an sich nimmt und sich in
Gewinnabsicht aneignet, so begeht er Diebstahl.

Ulpian im 65. Buch zum Edikt: Es ist nichts Besonders, daß auch ein Nichteigentümer einen anderen
zum Eigentümer machen kann: denn auch der Pfand-
gläubiger, der das Pfandstück verkauft, schafft beim
Erwerber Grund für wirkliches Eigentum, das er selbst
gar nicht gehabt hat.

SCHATZFUND

P a u l u s libro trigensimo primo ad edictum Thensaurus
est vetus quaedam depositio pecuniae, cuius non exstat memoria, ut iam dominum non habeat: sic enim
fit eius qui invenerit, quod non alterius sit. alioquin
si quis aliquid vel lucri causa vel metus vel custodiae
condiderit sub terra, non est thensaurus: cuius etiam
furtum fit.

D. 41, 1, 31, 1.

FUND

U l p i a n u s libro quadragensimo primo ad Sabinum Sed
si non fuit derelictum, putavit tamen derelictum,
furti non tenetur. Sed si neque fuit neque putavit,
iacens tamen tulit, non ut lucretur, sed redditurus ei
cuius fuit, non tenetur furti. Proinde videamus, si
nescit cuius esset, sic tamen tulit quasi redditurus ei
qui desiderasset vel qui ostendisset rem suam, an
furti obligetur. et non puto obligari eum. solent plerique etiam hoc facere, ut libellum proponant con-
tinentem invenisse se et redditurum ei qui desi-
deraverit: hi ergo ostendunt non furandi animo se

150

SCHATZFUND

P a u l u s im 31. Buch zum Edikt: Schatz ist eine Art
Niederlegung von Vermögensstücken aus alter Zeit,
bezüglich deren man keine Kunde mehr hat, so daß
man einen Eigentümer derselben nicht mehr feststellen kann. So wird der gefundene Schatz Eigentum des Finders, weil er im Eigentum eines anderen
nicht steht. Anders aber wäre es, wenn jemand aus
Habsucht oder aus Furcht oder zwecks Sicherung
etwas im Schoß der Erde verborgen hat: dies ist kein
Schatz, und daran kann auch ein Diebstahl begangen
werden.

FUND

U l p i a n im 41. Buch zu Sabinus: Wenn aber bezüglich
einer Sache der Eigentümer das Eigentum nicht aufgegeben hat, jemand hielt sie aber für herrenlos, so
wird er nicht wegen Diebstahls in Anspruch genommen. War sie nun nicht herrenlos, und der Finder
hat dies auch gar nicht angenommen, sie aber liegen
sehen und aufgenommen, und zwar nicht zu dem
Zweck, sich zu bereichern, sondern um sie dem Ver-
lierer zurückzugeben, ist er ebenfalls nicht wegen
Diebstahls haftbar. Daher wollen wir untersuchen,
wenn jemand bezüglich einer Sache nicht weiß, wer
der Eigentümer ist, sie aber aufgenommen hat in der
Absicht, sie dem zurückzugeben, der sie verlangte
oder der sein Eigentum daran nachgewiesen hat, ob
dieser wegen Diebstahls haftbar ist. Die meisten pflegen nämlich hier so zu handeln, daß sie einen schrift-

fecisse. Quid ergo, si εὕρετρα quae dicunt petat?
nec hic videtur furtum facere, etsi non probe petat
aliquid.

D. 47, 2, 43, 6.

FRUCHTERWERB

Paulus libro tertio ad Sabinum Iulianus ait: fructuarii fructus tunc fieri, cum eos perceperit, bonae
fidei autem possessoris, mox quam a solo separati
sint.

D. 7, 4, 13.

ERSITZUNG

Modestinus libro quinto pandectarum Usucapio est
adiectio dominii per continuationem possessionis temporis lege definiti.

D. 41, 3, 3.

Paulus libro octavo decimo ad edictum Bona fides
tantundem possidenti praestat, quantum veritas, quotiens lex impedimento non est.

D. 50, 17, 136.

lichen Anschlag öffentlich aushängen mit der Mitteilung ihres Fundes und der Bekanntgabe, daß sie den Fund demjenigen zurückgeben werden, der darnach fragen wird: diese Leute zeigen also, daß sie nicht in Diebstahlsabsicht gehandelt haben. Wie ist es nun, wenn der Finder das, was man (in Griechenland) Finderlohn nennt, verlangt? Auch dieser scheint keinen Diebstahl zu begehen, wenn es auch nicht rechtschaffen gehandelt sein mag, hier etwas zu verlangen.

FRUCHTERWERB

P a u l u s im 3. Buch zu Sabinus: Iulian sagt, der Nießbraucher wird dann Eigentümer der Früchte, wenn er sie in Besitz genommen hat; der gutgläubige Besitzer aber schon dann, wenn sie vom Boden getrennt sind.

ERSITZUNG

M o d e s t i n im 5. Buch seiner Pandekten: Ersitzung ist das Hinzuerlangen des Eigentums durch andauernden Besitz während einer im Gesetz festgelegten Besitzzeit.

P a u l u s im 18. Buch zum Edikt: Der gute Glaube (an das Recht) leistet dem Besitzer dasselbe wie der wahre Rechtsbestand, solange das Gesetz nicht entgegensteht.

DIENSTBARKEITEN

G a i u s libro septimo ad edictum provinciale Urbano-
rum praediorum iura talia sunt: altius tollendi et
officiendi luminibus vicini aut non extollendi: item
stillicidium avertendi in tectum vel aream vicini aut
non avertendi: item immittendi tigna in parietem
vicini et denique proiciendi protegendive ceteraque
istis similia.

D. 8, 2, 2.

U l p i a n u s libro secundo institutionum Servitutes ru-
sticorum praediorum sunt hae: iter actus via aquae
ductus. iter est ius eundi ambulandi homini, non etiam
iumentum agendi. actus est ius agendi vel iumentum
vel vehiculum: itaque qui iter habet, actum non habet,
qui actum habet, et iter habet etiam sine iumento. via
est ius eundi et agendi et ambulandi. nam et iter et
actum in se via continet. aquae ductus est ius aquam
ducendi per fundum alienum. In rusticis computanda
sunt aquae haustus, pecoris ad aquam adpulsus, ius
pascendi, calcis coquendae, harenae fodiendae.

D. 8, 3, 1.

DIENSTBARKEITEN

G a i u s im 7. Buch zum Provinzialedikt: Bei städtischen Grundstücken gibt es folgende Rechte: höher bauen und dem Nachbarn das Licht beeinträchtigen oder nicht höher bauen, ferner das Recht, das Abtropfen des Regenwassers auf das Nachbardach oder das Nachbargrundstück abzuwenden oder nicht abzuwenden, ferner das Einfügen von Balken in die Nachbarmauer und endlich das Recht, ins Nachbargrundstück einen Vorbau zu machen oder darüber ein Vordach anzubringen und Ähnliches.

U l p i a n im 2. Buch seiner Einführung: Die Dienstbarkeiten ländlicher Grundstücke sind: Recht zu gehen, Vieh zu treiben, Wege- und Wasserleitungsrecht. Gehrecht ist das Recht für einen Menschen zu gehen und spazieren zu gehen, nicht aber auch das Recht, Vieh zu treiben. Viehtriebrecht ist dagegen das Recht, ein Tier zu treiben oder auch ein Gefährt zu bewegen; infolgedessen hat der, dem ein Gehrecht zusteht, kein Viehtriebrecht; wer aber dieses hat, hat auch das Recht, ohne Zugtier zu gehen. Wegerecht ist das Recht zu gehen, Vieh zu treiben und spazieren zu gehen. Denn das Wegerecht enthält in sich auch das Gehrecht und das Viehtriebrecht. Das Wasserleitungsrecht ist das Recht, über ein fremdes Grundstück Wasser führen zu dürfen. Unter die ländlichen Dienstbarkeiten sind auch zu zählen das Recht, Wasser zu schöpfen, das Recht, Vieh zur Tränke durchzutreiben, das Weiderecht, das Kalkbrennrecht und das Recht, Sand zu graben.

Ulpianus libro vicensimo nono ad Sabinum Si arborem ponat, ut lumini officiat, aeque dicendum erit contra impositam servitutem eum facere: nam et arbor efficit, quo minus caeli videri possit. si tamen id quod ponitur lumen quidem nihil impediat, solem autem auferat, si quidem eo loci, quo gratum erat eum non esse, potest dici nihil contra servitutem facere: sin vero heliocamino vel solario, dicendum erit, quia umbram facit in loco, cui sol fuit necessarius, contra servitutem impositam fieri. Per contrarium si deponat aedificium vel arboris ramos, quo facto locus opacus quondam coepit solis esse plenus, non facit contra servitutem: hanc enim debuit, ne luminibus officiat, nunc non luminibus officit, sed plus aequo lumen facit. Interdum dici potest eum quoque, qui tollit aedificium vel deprimit, luminibus officere: si forte κατὰ ἀντανάκλασιν vel pressura quadam lumen in eas aedes devolvatur.

D. 8, 2, 17.

NIESSBRAUCH

Paulus libro tertio ad Vitellium Usus fructus est ius

U l p i a n im 29. Buch zu Sabinus: Wenn jemand einen Baum derart setzt, daß er das Sonnenlicht (für den Nachbarn) beeinträchtigt, muß man billigerweise sagen, daß er damit gegen eine auferlegte Dienstbarkeit handelt. Denn auch der Baum bewirkt, daß man vom Himmel weniger sieht. Wenn aber der angebrachte Gegenstand zwar das Licht nicht hindert, die Sonnenstrahlung aber wegnimmt, so kann man sagen, daß dann nichts gegen die Dienstbarkeit unternommen wird, wenn es an solchen Stellen geschieht, wo es dem Nachbar recht ist, daß keine Bestrahlung erfolgt. Geschieht dies aber bei einem Sonnenzimmer oder einer Sonnenuhr, so erfolgt es entgegen der auferlegten Dienstbarkeit, weil der Nachbar damit einen Platz beschattet, für den die Sonnenstrahlung notwendig war. Umgekehrt, wenn er ein Gebäude niederlegt oder Zweige lichtet, wodurch ein vorher dunkler Platz lichtdurchflutet wird, so handelt er nicht gegen die auferlegte Dienstbarkeit: nach dieser war er nämlich gehalten, den Lichtentzug zu hindern, jetzt tut er dies aber nicht, sondern schafft mehr Licht als der Gegner beanspruchen könnte. Dazwischen kann man sogar sagen, daß selbst der, der ein Gebäude abreißt oder tieferlegt, das Licht beeinträchtigt, dann nämlich, wenn etwa Reflexstrahlen oder Blendlicht in das Nachbargebäude geworfen würden.

NIESSBRAUCH

P a u l u s im 3. Buch zu Vitellius: Nießbrauch ist das Recht, eine fremde Sache zu gebrauchen und ihre

alienis rebus utendi fruendi salva rerum substantia.

D. 7, 1, 1.

U l p i a n u s libro septimo decimo ad Sabinum Quadrigae usu fructu legato si unus ex equis decesserit, an
extinguatur usus fructus quaeritur. ego puto multum
interesse, equorum an quadrigae usus fructus sit le-
gatus: nam si equorum, supererit in residuis, si quadrigae, non remanebit, quoniam quadriga esse desiit.

D. 7, 4, 10, 8.

PFANDRECHT

U l p i a n u s libro vicensimo octavo ad edictum Non tantum autem ob pecuniam, sed et ob aliam causam
pignus dari potest, veluti si quis pignus alicui dederit, ut pro se fideiubeat. Proprie pignus dicimus,
quod ad creditorem transit, hypothecam, cum non
transit nec possessio ad creditorem.

D. 13, 7, 9, 1.

U l p i a n u s libro vicesimo primo ad edictum Qui pignori
plures res accepit, non cogitur unam liberare nisi
accepto universo quantum debetur.

D. 20, 1, 19.

U l p i a n u s libro tertio disputationum Interdum posterior potior est priori, ut puta si in rem istam con-

Früchte zu ziehen unter Erhaltung der vollen Substanz der Sache.

Ulpian im 17. Buch zu Sabinus: Ist Nießbrauch an einem Viergespann vermacht und eines der Pferde ging ein, dann fragt es sich, ob der Nießbrauch erlischt. Ich glaube, es kommt hier sehr darauf an, ob ein Nießbrauch am Viergespann als solchen vermacht ist oder an den Pferden. Im letzteren Fall wird er weiterbestehen an den übrig bleibenden Pferden; handelt es sich aber um einen Nießbrauch am Viergespann, so wird er erlöschen, weil kein solches mehr vorliegt.

PFANDRECHT

Ulpian im 28. Buch zum Edikt: Nicht nur wegen einer Geldforderung, sondern aus irgendeinem anderen Rechtsgrund kann man ein Pfand geben, so z. B. wenn jemand einem anderen deswegen ein Pfand gegeben hat, damit er sich für ihn verbürge. Technisch sprechen wir von Faustpfand, wenn die Pfandsache in den Besitz des Gläubigers kommt, von Hypothek dagegen, wenn an den Gläubiger auch nicht der Besitz übergeht.

Ulpian im 21. Buch zum Edikt: Wer mehrere Sachen als Pfänder bekommen hat, wird nicht gezwungen, auch nur eine freizugeben, bevor er nicht die gesamte ihm geschuldete Leistung erhalten hat.

Ulpian im 3. Buch seiner Erörterungen: Bisweilen ist die Rechtsstellung des späteren Pfandgläubigers

servandam impensum est quod sequens credidit: veluti si navis fuit obligata et ad armandam eam vel reficiendam ego credidero.

D. 20, 4, 5.

Schuldrecht:
GRUNDSÄTZLICHES

Gaius libro primo ad edictum provinciale 'creditorum' appellatione non hi tantum accipiuntur, qui pecuniam crediderunt, sed omnes, quibus ex qualibet causa debetur.

D. 50, 16, 11.

Iavolenus libro quinto decimo ex Cassio Solvendo esse nemo intellegitur, nisi qui solidum potest solvere.

D. 50, 16, 114.

Papinianus libro secundo responsorum In conventionibus contrahentium voluntatem potius quam verba spectari placuit.

D. 50, 16, 219.

Iavolenus libro septimo epistularum Quotiens nihil sine captione investigari potest, eligendum est quod minimum habeat iniquitatis.

D. 50, 17, 200.

Celsus libro octavo digestorum Impossibilium nulla obligatio est.

D. 50, 17, 185.

gegenüber dem früheren die bessere, so, wenn aus Mitteln des späteren Pfandgläubigers zur Erhaltung der Sache selbst Aufwendungen gemacht sind, z. B. ein Schiff ist verpfändet und ich habe Geld gegeben, um es auszurüsten oder auszubessern.

Schuldrecht:
GRUNDSÄTZLICHES

Gaius im 1. Buch zum Provinzialedikt: Unter „Gläubigern" werden nicht nur die verstanden, die Geld gegeben haben, sondern alle die, welchen aus irgendeinem Grund etwas geschuldet wird.

Iavolen im 15. Buch zu Cassius: Als zahlungsfähig wird niemand erachtet, der nicht die gesamte Schuld zahlen kann.

Papinian im 2. Buch seiner Rechtsgutachten: Bei Abschlüssen von Verträgen muß man mehr den Willen der Vertragsteile beachten, als die gebrauchten Worte.

Iavolen im 7. Buch seiner Briefe: Wo man ohne Spitzfindigkeit nichts ergründen kann, muß man das Ergebnis wählen, das am wenigsten Unbilliges an sich hat.

Celsus im 8. Buch seiner Digesten: Bezüglich einer unmöglichen Leistung besteht kein rechtlicher Verpflichtungsgrund.

U l p i a n u s libro undecimo ad edictum Nihil consensui
tam contrarium est, qui ac bonae fidei iudicia sustinet,
quam vis atque metus: quem comprobare contra bonos mores est.

D. 50, 17, 116.

P a u l u s libro octavo ad Plautium Quod quis si velit
habere non potest, id repudiare non potest.

D. 50, 17, 174, 1.

VERSCHULDEN, HAFTUNG, SCHADEN

U l p i a n u s libro primo regularum 'Lata culpa' est
nimia neglegentia, id est non intellegere quod omnes
intellegunt. D. 50, 16, 213, 2.

P a u l u s libro trigensimo nono ad edictum Culpa caret
qui scit, sed prohibere non potest.

D. 50, 17, 50.

U l p i a n u s libro vicensimo nono ad Sabinum Contractus quidam dolum malum dumtaxat recipiunt, quidam et dolum et culpam. dolum tantum depositum
et precarium. dolum et culpam mandatum, commo-
datum, venditum, pignori acceptum, locatum, item
dotis datio, tutelae, negotia gesta: in his quidem et
diligentiam. societas et rerum communio et dolum et
culpam recipit. sed haec ita, nisi si quid nominatim
convenit (vel plus vel minus) in singulis contractibus:
nam hoc servabitur, quod initio convenit (legem enim

U l p i a n im 11. Buch zum Edikt: Nichts steht der
Willensübereinstimmung so entgegen, und dies ist
auch bei den Klageformeln, wo nach Treu und Glau-
ben geurteilt wird, zu beachten, als Gewalt und
Drohung: derlei zu billigen ginge gegen die guten
Sitten.

P a u l u s im 8. Buch zu Plautius: Was jemand, wenn
er es auch wollte, nicht haben kann, darauf kann er
auch nicht verzichten.

VERSCHULDEN, HAFTUNG, SCHADEN

U l p i a n im 1. Buch seiner Regeln: Grobe Fahrlässigkeit bedeutet zu große Nachlässigkeit, d. i. nicht an
das denken, was alle bedenken.

P a u l u s im 39. Buch zum Edikt: Fahrlässig handelt
nicht, wer etwas wohl weiß, es aber nicht verhindern
kann.

U l p i a n im 29. Buch zu Sabinus: Verträge schließen
zum Teil den schlimmen Vorsatz mit in sich ein, zum
Teil diesen und dazu die Fahrlässigkeit. Nur den Vorsatz: bei Verwahrung und Bittleihe. Vorsatz und
Fahrlässigkeit: bei Auftrag, Leihe, Kauf, Pfandver-
trag, Miete, ferner Heiratsgutbestellung, Vormund-
schaftsverwaltung, Geschäftsführung ohne Auftrag.
Bei diesen ist auch die Sorgfaltspflicht zu erfüllen. Der
Gesellschaftsvertrag und das Gemeinschaftsverhältnis
begreift Vorsatz und Fahrlässigkeit in sich. Dies aber

contractus dedit), excepto eo, quod Celsus putat non
valere, si convenerit, ne dolus praestetur: hoc enim
bonae fidei iudicio contrarium est: et ita utimur.
animalium vero casus mortesque, quae sine culpa
accidunt, fugae servorum qui custodiri non solent,
rapinae, tumultus, incendia, aquarum magnitudines,
impetus praedonum a nullo praestantur.

D. 50, 17, 23.

A f r i c a n u s libro octavo quaestionum Tantum ei prae-
stabis, quanti eius interfuerit frui, in quo etiam lucrum eius continebitur.

D. 19, 2, 33.

IMMATERIELLER SCHADEN

P a u l u s libro sexagensimo septimo ad edictum Si quis
vi aut clam arbores non frugiferas ceciderit, veluti
cupressos, domino dumtaxat competit interdictum.
sed si amoenitas quaedam, ex huiusmodi arboribus
praestetur, potest dici et fructuarii interesse propter

164

gilt nur, wenn nicht ausdrücklich etwas anderes ver-
einbart wurde bei den einzelnen Verträgen, etwa ein
Mehr oder ein Weniger; dann wird nämlich beachtet,
was anfänglich ausbedungen war (hier wurde eben
dann eine besondere Vertragsbestimmung eingefügt).
Ausgenommen davon ist freilich, wovon Celsus glaubt,
daß es keine Gültigkeit habe, wenn nämlich verein-
bart würde, daß man für Vorsatz nicht einzustehen
habe. Denn dies steht einem Verfahren, das nach Treu
und Glauben zu beurteilen ist, gänzlich entgegen.
Dieser Ansicht schließen auch wir uns an. Doch für
Zufallsschäden bei Tieren und Todesfälle, die ohne Verschulden eintreten, Flucht von Sklaven, die man nicht
zu bewachen pflegt, Raub, öffentlichen Aufruhr,
Brandfälle, Überschwemmungen und Angriffe von
Räuberbanden wird von niemand gehaftet.

A f r i c a n u s im 8. Buch seiner Untersuchungen: ... du
hast da soviel zu leisten, als der Geschädigte am
Fruchtgenuß Interesse hatte, und in diesem Interesse
wird ebenfalls sein entgangener Gewinn eingeschlossen
sein.

IMMATERIELLER SCHADEN

P a u l u s im 67. Buch zum Edikt: Hat jemand gewaltsam oder heimlich nichtfruchttragende Bäume in jemandes Besitz niedergelegt, wie etwa Zypressen, so
steht nur dem Eigentümer das Interdikt (zwecks
Herausgabe des heimlich Entfernten) zu. Wo aber
eine gewisse Verschönerung durch derartige Bäume in

voluptatem et gestationem et esse huic interdicto
locum.

D. 43, 24, 16, 1.

EINZELNE SCHULDVERHÄLTNISSE

G a i u s libro tertio institutionum Consensu fiunt obligationes in emptionibus venditionibus, locationibus
conductionibus, societatibus, mandatis.

D. 44, 7, 2.

G a i u s libro tertio aureorum Ex maleficio nascuntur
obligationes, veluti ex furto, ex damno, ex rapina, ex
iniuria.   D. 44, 7, 4.

U l p i a n u s libro octavo decimo ad Sabinum Perpetuo
Sabinus probavit veterum opinionem existimantium
id, quod ex iniusta causa apud aliquem sit, posse condici: in qua sententia etiam Celsus est.   D. 12, 5, 6.

P a u l u s libro decimo ad Sabinum Ob rem igitur ho-
nestam datum ita repeti potest, si res, propter quam
datum est, secuta non est. Quod si turpis causa acci-
pientis fuerit, etiamsi res secuta sit, repeti potest.

D. 12, 5, 1, 1.

Frage stand, kann man sagen, daß auch der Nießbraucher in seinem Interesse das Interdikt anstellen
kann und zwar auch wegen des Interesses, das er an
der Annehmlichkeit und dem Schmuck gehabt hat.

EINZELNE SCHULDVERHÄLTNISSE

Gaius im 3. Buch seines Lehrbuchs: Durch bloße Willensübereinstimmung entstehen Schuldverpflichtun-
gen bei Kauf und Verkauf, Miete, Gesellschaftsvertrag und Auftrag.

Gaius im 3. Buch der goldenen Regeln: Aus unerlaub-
ten Handlungen entstehen Verpflichtungen, wie z. B.
aus Diebstahl, Sachbeschädigung, Raub, Beleidigung.

Ulpian im 18. Buch zu Sabinus: Ständig billigte Sabinus die Meinung der Alten dahin, daß das, was bei
jemand zu Unrecht ist, herausverlangt werden kann;
dem stimmt auch Celsus zu.

Paulus im 10. Buch zu Sabinus: Was zu einem ehr-
baren Zweck gegeben worden ist, kann dann zurück-
verlangt werden, wenn der Zweck, um dessentwillen
es gegeben wurde, nicht eingetreten ist. Handelte
es sich aber beim Empfänger um einen verwerflichen
Zweck, so kann selbst dann zurückgefordert werden,
wenn der Zweck eingetreten ist.

KAUF

U l p i a n u s libro vicensimo octavo ad Sabinum In venditionibus et emptionibus consensum debere intercedere palam est: ceterum sive in ipsa emptione dissentient sive in pretio sive in quo alio, emptio imperfecta est.

D. 18, 1, 9.

P a u l u s libro tertio epitomatorum Alfeni Materia empta si furto perisset, postquam tradita esset, emptoris esse periculo respondit, si minus venditoris: videri autem trabes traditas, quas emptor signasset.

D. 18, 6, 15, 1.

REKLAME

U l p i a n u s libro quadragensimo quarto ad Sabinum Quod venditor ut commendet dicit, si habendum, quasi neque dictum neque promissum est. si vero decipiendi emptoris causa dictum est, aeque sic habendum est, ut non nascatur adversus dictum promissumve actio, sed de dolo actio.

D. 4, 3, 37.

U l p i a n u s libro primo ad edictum aedilium curulium Sciendum tamen est quaedam et si dixerit praestare eum non debere, scilicet ea, quae ad nudam laudem servi pertinent: veluti si dixerit frugi probum dicto

KAUF

Ulpian im 28. Buch zu Sabinus: Bei Kauf und Verkauf ist offensichtlich, daß Willenseinigung vorliegen muß: sonst ist der Kauf nicht abgeschlossen, wenn die Beteiligten beim Kauf selbst im Willen nicht übereinstimmen, oder im Preis oder in irgendeinem anderen Punkt.

Paulus im 3. Buch der Auszüge zu Alfenus: Das Gutachten war: Wenn gekauftes Bauholz durch Diebstahl verlorengegangen war, nachdem die Übergabe an den Käufer erfolgte, so steht die Gefahr beim Käufer, anderenfalls beim Verkäufer. Balken aber, die der Käufer gezeichnet hat, sind ihm offenbar bereits übergeben worden.

REKLAME

Ulpian im 44. Buch zu Sabinus: Was der Verkäufer sagt, um die Ware anzupreisen, ist so zu behandeln, wie wenn weder etwas behauptet noch gesprochen wäre. Freilich, wenn etwas behauptet wird, um den Käufer zu täuschen, so muß man billigerweise dafür halten, daß zwar ein Klaganspruch hinsichtlich des Behaupteten oder Versprochenen nicht entsteht, wohl aber wegen arglistiger Täuschung.

Ulpian im 1. Buch zum Edikt der kurulischen Aedilen: Man muß aber wissen, daß man manchmal für das Gesagte rechtlich nicht einstehen muß, so für das, was sich nur auf das allgemeine Lob eines Sklaven

audientem. ut enim Pedius scribit, multum interest, commendandi servi causa quid dixerit, an vero praestaturum se promiserit quod dixit. Plane si dixerit aleatorem non esse, furem non esse, ad statuam numquam confugisse, oportet eum id praestare.

D. 21, 1, 19.

SACHMÄNGEL, SKLAVENKAUF

Gaius libro primo ad edictum aedilium curulium Si quid venditor de mancipio adfirmaverit idque non ita esse emptor queratur, aut redhibitorio aut aestimatorio (id est quanto minoris) iudicio agere potest.

D. 21, 1, 18.

Ulpianus libro primo ad edictum aedilium curulium dummodo meminerimus non utique quodlibet quam levissimum efficere, ut morbosus vitiosusve habeatur. proinde levis febricula aut vetus quartana, quae tamen iam sperni potest, vel vulnusculum modicum nullum habet in se delictum, quasi pronuntiatum non sit: ... et ait Vivianus ... neque enim nos, inquit, minus animi vitiis aliquos sanos esse intellegere debere: alioquin, inquit, futurum, ut in infinito hac ratione multos sanos esse negaremus, ut puta levem

bezieht, so wenn man ihn für brav, rechtschaffen, folgsam erklärt. Wie nämlich Pedius schreibt, besteht ein großer Unterschied, ob jemand etwas gesagt hat, um einen Sklaven anzupreisen, oder ob er versprochen hat, daß er für etwas einstehen werde, was er zugesichert hat. Wenn er also zugesichert hat, er sei kein Spieler, kein Dieb, er sei nie zu Kaiserstatuen geflohen, so muß er für diese Zusicherungen aufkommen.

SACHMÄNGEL, SKLAVENKAUF

G a i u s im 1. Buch zum Edikt der kurulischen Aedilen: Hat der Verkäufer eines Sklaven etwas zugesichert und beklagt sich der Käufer, daß es sich damit nicht so verhalte, kann dieser entweder mit der Wandelungsklage oder mit der Minderungsklage (nämlich bezüglich des Unterschiedswertes) klagen.

U l p i a n im 1. Buch zum Edikt der Kurulädilen: ... Wir müssen daran denken, daß nicht jeder ganz beliebige kleine Fehler bewirken kann, daß man von Krankheit oder Fehlerhaftigkeit reden darf. So hat etwa ein leichtes Fieber oder ein altes Viertagefieber, das man schon leicht nehmen kann, oder eine unbedeutende Verwundung keinen Nachteil in sich, wenn derlei auch nicht (vom Verkäufer) angegeben wurde ... Vivian meint ..., wir dürfen Menschen mit geistigen Fehlern deswegen keinesfalls als weniger gesund betrachten, sonst könnte es vorkommen, daß wir bei unbeschränkter Fortsetzung dieser Folgerung vielen das Gesundsein absprechen müßten, wie etwa Leicht-

superstitiosum iracundum contumacem et si qua
similia sunt animi vitia.

D. 21, 1, 1, 8.

U l p i a n u s libro primo ad edictum aedilium curulium
De myope quaesitum est, an sanus esset: et puto eum
redhiberi posse. Sed et *νυκτάλωπα* morbosum esse
constat, id est ubi homo neque matutino tempore
videt neque vespertino, quod genus morbi Graeci
vocant *νυκτάλωπα*. luscitionem eam esse quidam
putant, ubi homo lumine abhibito nihil videt. Quaesitum est, an balbus et blaesus et atypus isque qui
tardius loquitur et varus et vatius sanus sit: et opinor
eos sanos esse.

D. 21, 1, 10, 3.

P a u l u s libro undecimo ad Sabinum Cui dens abest,
non est morbosus: magna enim pars hominum aliquo
dente caret neque ideo morbosi sunt: praesertim cum
sine dentibus nascimur nec ideo minus sani sumus
donec dentes habeamus: alioquin nullus senex sanus
esset.

D. 21, 1, 11.

U l p i a n u s libro primo ad edictum aedilium curulium
Is cui os oleat an sanus sit quaesitum est: Trebatius
ait non esse morbosum os alicui olere, veluti hircosum,
strabonem. hoc enim ex illuvie oris accidere solere.
si tamen ex corporis vitio id accidit, veluti quod

172

sinnigen, Abergläubischen, Jähzornigen, Unbotmäßi-
gen und Leuten mit ähnlichen Fehlern.

U l p i a n im 1. Buch zum Edikt der Kuruladilen: Bezüglich eines Kurzsichtigen hat man gefragt, ob er
gesund sei. Und ich glaube, daß man ihn wandeln
kann. Aber auch einen Nachtseher muß man für
krank halten, d. h. wenn ein Mensch weder morgens
noch am Abend sieht, eine Krankheit, welche die
Griechen Nachtseher nennen. Manche meinen, daß
dies gleich der Blödsichtigkeit bei Nacht sei, wenn ein
Mensch bei angestecktem Licht nicht mehr sieht.
Man hat weiter gefragt, ob ein Stammler, ein Lal-
lender, ein undeutlich Redender, ein zu langsam
Sprechender, ein Mensch mit O- oder X-Beinen gesund sei: ich glaube, daß diese Leute gesund sind.

P a u l u s im 11. Buch zu Sabinus: Wem ein Zahn fehlt,
der ist nicht krank. Denn einem großen Teil der
Menschen fehlt irgendein Zahn und sie sind deswegen
keineswegs krank, zumal da wir ohne Zähne geboren
werden und deswegen keinesfalls weniger gesund sind,
bis wir Zähne haben; sonst wäre auch kein alter
Mensch mehr gesund.

U l p i a n im 1. Buch zum Edikt der Kuruladilen: Man hat
gefragt, ob der, der aus dem Munde riecht, gesund sei.
Und Trebatius sagt, wenn jemand aus dem Munde
rieche wie ein Stinkbock oder ein unsauberer Schieler,
so sei er nicht krank: denn dies pflege aus der Unrein-

iecur, quod pulmo aut aliud quid similiter dolet, morbosus est.

D. 21, 1, 12, 4.

Ulpianus libro primo ad edictum aedilium curulium Si mulier praegnas venierit, inter omnes convenit sanam eam esse: maximum enim ac praecipuum munus feminarum est accipere ac tueri conceptum ... Item de eo qui urinam facit quaeritur. et Pedius ait non ob eam rem sanum non esse, quod in lecto somno vinoque pressus aut etiam pigritia surgendi urinam faciat: sin autem vitio vesicae collectum umorem continere non potest, ... redhiberi posse.

D. 21, 1, 14, 1; 4.

Gaius libro primo ad edictum aedilium curulium Si forte constantem esse adfirmaverit, non exacta gravitas et constantia quasi a philosopho desideretur, et si laboriosum et vigilacem adfirmaverit esse, non continuus labor per dies noctesque ab eo exigatur, sed haec omnia ex bono et aequo modice desiderentur. idem et in ceteris quae venditor adfirmaverit intellegemus. Venditor qui optimum cocum esse dixerit, optimum in eo artificio praestare debet: qui vero

174

lichkeit des Mundes zu kommen. Wäre aber die Ursache ein körperliches Leiden, wenn etwa die Leber, die Lunge oder irgendein anderes Organ nicht in Ordnung ist, so legt Krankheit vor.

U l p i a n an obiger Stelle: Wenn eine Sklavin schwanger verkauft wird, so sind alle darüber einig, daß sie gesund ist. Denn es ist eine besonders wichtige und vordringliche Aufgabe der Frauen, zu empfangen und das Empfangene in Obhut zu nehmen ... Bezüglich eines Bettnässers ist es fraglich. Pedius meint, deswegen sei er keineswegs krank, weil er im Schlaf im Bett durch Weingenuß gedrängt wird oder auch zu bequem war aufzustehen und demgemäß handelt; wenn er aber infolge eines organischen Fehlers der Blase die angesammelte Flüssigkeit nicht zurückhalten kann, so ... könne gewandelt werden.

G a i u s im 1. Buch zum Edikt der Kurulädilen: Hat der Verkäufer zugesichert, daß der verkaufte Sklave ein ruhiger gesetzter Mensch sei, so kann man nicht die vollkommene Würde und Charakterfestigkeit wie bei einem Philosophen verlangen; und wenn er zugesichert hat, daß er arbeitsam und wachsam sei, kann man von ihm nicht verlangen, daß er Tag und Nacht hindurch Arbeit verrichte. Alles dies kann nur mit Maß und Ziel beansprucht werden nach Treu und Glauben. Dasselbe gilt bei allen anderen Zusicherungen eines Verkäufers. Der Verkäufer, der versicherte, ein Koch sei ganz ausgezeichnet, muß für das Beste in dieser Kunst einstehen; wer ihn aber

simpliciter cocum esse dixerit, satis facere videtur,
etiamsi mediocrem cocum praestet. Idem et in ceteris generibus artificiorum.

D. 21, 1, 18.

MIETE, PACHT, WERKVERTRAG

U l p i a n u s libro trigesimo secundo ad edictum Item
Iulianus libro octagesimo sexto digestorum scripsit,
si sutor puero parum bene facienti forma calcei tam
vehementer cervicem percusserit, ut ei oculus effun-
deretur, ex locato esse actionem patri eius: quamvis
enim magistris levis castigatio concessa sit, tamen
hunc modum non tenuisse: sed et de Aquilia supra
diximus. iniuriarum autem actionem competere Iulianus negat, quia non iniuriae faciendae causa hoc
fecerit ... Exercitu veniente migravit conductor, dein
de hospitio milites fenestras et cetera sustulerunt. si
domino non denuntiavit et migravit, ex locato tenebitur: Labeo autem, si resistere potuit et non resistit,
teneri ait, quae sententia vera est.

D. 19, 2, 13, 4; 7.

U l p i a n u s libro trigesimo secundo ad edictum Si quis
mulierem vehendam navi conduxisset, deinde in nave

bloß einfach als Koch bezeichnet hat, hat Genüge getan, wenn er auch nur einen mittelmäß.gen Koch leistet. Dasselbe gilt bei allen anderen Arten von Künsten.

MIETE, PACHT, WERKVERTRAG

U l p i a n im 32. Buch zum Edikt: Auch Iulian schrieb im 86. Buch seiner Digesten, wenn ein Schuster einem Jungen, weil dieser allzuwenig sorgfältig arbeitete, mit dem Leisten so heftig über den Nacken schlug, daß ihm ein Auge verloren ging, so stehe dem Vater des Jungen die Klage aus dem Dienstmietvertrag zu. Denn, wenn auch den Lehrmeistern eine leichte Züchtigung zugestanden ist, so habe er sich eben hier an das erlaubte Maß nicht gehalten. Was die (ebenfalls zulässige) Klage aus unerlaubter Handlung anlangt, so haben wir oben davon gesprochen. Eine Injurienklage steht aber hier nach Iulian nicht zu, weil der Täter nicht in Kränkungsabsicht gehandelt hat ... Bei Ankunft eines Heerhaufens ist der Mieter eines Hauses weggegangen; die Folge war, daß die Soldaten von ihrem Quartier Fenster und anderes mitnahmen. Wenn hier der Mieter seinem Vermieter seinen Weggang nicht mitgeteilt hat, wird er aus dem Mietvertrag haftbar; Labeo aber meint, es komme darauf an, ob er hätte Widerstand leisten können und es nicht tat: dann sei er verantwortlich und diese Ansicht ist richtig.

U l p i a n im 32. Buch zum Edikt: Wenn jemand einen Werkvertrag zur Beförderung einer Frau in einem

infans natus fuisset, probandum est pro infante nihil
deberi, cum neque vectura eius magna sit neque his
omnibus utatur, quae ad navigantium usum parantur.

D. 19, 2, 19. 7.

U l p i a n u s libro quinto decimo ed edictum Sed et
pensiones, quae ex locationibus praediorum urbano-
rum perceptae sunt, venient, licet a lupanario perceptae sint: nam et in multorum honestorum virorum
praediis lupanaria exercentur.

D. 5, 3, 27, 1.

I u l i a n u s libro sexagensimo quinto digestorum Item
plerumque medici servos eiusdem artis libertos per-
ducunt, quorum operis perpetuo uti non aliter possunt, quam ut eas locent.

D. 38, 1, 25, 2.

U l p i a n u s libro vicesimo ad Sabinum Proinde si quis
servos habuit proprios, sed quorum operas locabat
vel pistorias vel histrionicas vel alias similes, an servorum appellatione etiam hos legasse videatur? quod
et praesumi oportet, nisi contraria voluntas testatoris
appareat.

D. 32, 73, 3.

P o m p o n i u s libro vicesimo primo ad Sabinum Quod
kalendis [Ianuariis?] dari solet medicis et scaenicis,

Schiff abgeschlossen hat und in dem Schiff wird nun
ein Kind zur Welt gebracht, so ist zu billigen, daß
für das Kind an Beförderungsentgelt nichts geschuldet wird, weil weder dessen Beförderungslohn groß
wäre, noch für das Kind von alledem Gebrauch gemacht werden kann, was für die Benützung der Fahr-
gäste bereitgestellt ist.

U l p i a n im 15. Buch zum Edikt: ... darunter fallen
auch Einkünfte, die regelmäßig aus Verpachtung
städtischer Grundstücke anfallen, mögen sie auch aus
einem Bordellbetrieb stammen, denn auf Grundstücken vieler ehrenwerter Männer werden Bordelle
gehalten.

I u l i a n im 65. Buch seiner Digesten: ... ebenso machen
meistens Ärzte ihre Sklaven, die die gleiche Kunst
verstehen, zu Freigelassenen, deren Dienste sie auf die
Dauer nicht anders nutzen können als durch deren
Verpachtung.

U l p i a n im 20. Buch zu Sabinus: ... Wenn jemand
eigene Sklaven hat, aber ihre Arbeitsleistung verpach-
tete, z. B. für Dienste in Bäckereien oder Schauspiel-
unternehmungen oder dgl., sind da, wenn Sklaven
vermacht sind, auch solche inbegriffen? Das muß
angenommen werden, wenn nicht ein gegenteiliger
Wille des Erblassers offenbar ist.

P o m p o n i u s im 21. Buch zu Sabinus: Was man zu
Neujahr den Ärzten und den Schauspielern zu geben

non est merees: itaque si quid in hisce ministeriis aliter fiat quam convenit, non ex locato, sed in factum actio dabitur.

D. 19, 5, 27.

GESELLSCHAFT

U l p i a n u s libro trigensimo ad Sabinum Si non fuerint partes societati adiectae, aequas eas esse constat ... Aristo refert Cassium respondisse societatem talem coiri non posse, ut alter lucrum tantum, alter damnum sentiret, et hanc societatem leoninam solitum appellare: et nos consentimus talem societatem nullam esse, ut alter lucrum sentiret, alter vero nullum lucrum, sed damnum sentiret: iniquissimum enim genus societatis est, ex qua quis damnum, non etiam lucrum spectet.

D. 17, 2, 29.

U l p i a n u s libro trigesimo primo ad edictum socii mei socius meus socius non est.   D. 17, 2, 20.

VERWAHRUNG

P a u l u s libro secundo sententiarum Si sacculum vel argentum signatum deposuero et is penes quem depositum fuit me invito contrectaverit, et depositi et furti actio mihi in eum competit. Si ex permissu meo deposita pecunia is penes quem deposita est utatur,

pflegt, ist kein Lohn. Wenn daher bei diesen Dienst-
leistungen etwas anders geschieht, als ausgemacht
war, so wird keine Klage aus Werk- oder Dienstvertrag gegeben, sondern eine besondere Klage für
diesen Fall gewährt.

GESELLSCHAFT

U l p i a n im 30. Buch zu Sabinus: Sind bei einer Gesellschaft die Anteile nicht besonders geregelt, so steht
fest, daß jeder Gesellschafter gleichen Anteil hat ...
Aristo bemerkt, Cassius habe das Gutachten gegeben,
daß eine Gesellschaft nicht derart eingegangen werden könne, daß der eine nur den Gewinn, der andere
nur den Verlust habe, und er habe eine solche Gesellschaft eine Löwengesellschaft zu nennen gepflegt.
Und auch wir pflichten dem bei ... Diese Art einer Gesellschaft wäre ganz unbillig, wenn daraus für jemand
nur Schaden, nicht aber auch Gewinn hervorginge.

U l p i a n im 31. Buch zum Edikt: Der Gesellschafter
meines Gesellschafters ist nicht mein Gesellschafter.

VERWAHRUNG

P a u l u s im 2. Buch seiner Gutachten: Gebe ich einen
Beutel oder geprägtes Silber in Verwahrung, und der
Verwahrer hat die Sachen gegen meinen Willen an-
getastet, so steht mir gegen ihn der Anspruch aus
Verwahrungsvertrag und wegen Diebstahls zu. Verwendete aber der Verwahrer mit meiner Erlaubnis
das verwahrte Geld, so muß er mir dasselbe verzinsen

181

ut in ceteris bonae fidei iudiciis usuras eius nomine praestare mihi cogitur.

D. 16, 3, 29.

AUFTRAG

P a u l u s libro trigensimo secundo ad edictum Mandatum nisi gratuitum nullum est: nam originem ex officio atque amicitia trahit, contrarium ergo est officio merces: interveniente enim pecunia res ad locationem et conductionem potius respicit.

D. 17, 1, 1, 4.

SCHENKUNG

U l p i a n u s libro trigesimo secundo ad Sabinum Moribus apud nos receptum est, ne inter virum et uxorem donationes valerent. hoc autem receptum est, ne mutuo amore invicem spoliarentur donationibus non temperantes, sed profusa erga se facilitate.

D. 24, 1, 1.

P a u l u s libro trigesimo sexto ad edictum Sponsus alienum anulum sponsae muneri misit et post nuptias pro eo suum dedit: quidam et Nerva putant fieri eum mulieris, quia tunc factam donationem confirmare videtur, non novam inchoare: quam sententiam veram esse accepi.

D. 24, 1, 36, 1.

wie bei den übrigen Klagansprüchen, die nach den
Grundsätzen von Treu und Glauben zu beurteilen
sind.

AUFTRAG

P a u l u s im 32. Buch zum Edikt: Ein Auftrag, der
nicht unentgeltlich ist, ist kein wirklicher Auftrag.
Denn seinen Ursprung nimmt er aus Gefälligkeit und
Freundschaft. Einer Gefälligkeit steht aber eine Ver-
gütung entgegen. Kommt nämlich eine Vergütung in
Frage, so neigt die Sache mehr zum Dienstvertrag hin.

SCHENKUNG

U l p i a n im 32. Buch zu Sabinus: Gewohnheitsmäßig
ist bei uns Rechtens geworden, daß Schenkungen unter Ehegatten keine Gültigkeit haben. Dies kam aber
deshalb zur Anerkennung, damit nicht die gegenseitige Zuneigung dazu führe, daß man mit Geschen-
ken nicht Maß hält, mit verschwenderischem Leicht-
sinn vorgeht und dadurch sich notwendiger Mittel
entblößt.

P a u l u s im 36. Buch zum Edikt: Ein Verlobter hat
seiner Braut einen fremden Ring als Geschenk geschickt und nach Eheabschluß seinen eigenen dafür
gegeben. Einige und auch Nerva glauben, dieser Ring
werde Eigentum der Frau, weil der Mann später eine
bereits vollzogene Schenkung (an die Braut) offensichtlich bestätigte und keine neue (an die Ehefrau)
begründet habe: und auch ich habe mich dieser Ansicht als richtig angeschlossen.

INHABERMARKEN

Paulus libro quarto decimo responsorum Titia Seio tesseram frumentariam comparari voluit post diem trigesimum a morte ipsius. quaero, cum Seius viva testatrice tesseram frumentariam ex causa lucrativa habere coepit nec possit id quod habet petere, an ei actio competat. Paulus respondit ei, de quo quaeritur, pretium tesserae praestandum, quoniam tale fideicommissum magis in quantitate quam in corpore consistit.

D. 31, 87.

Ulpianus libro sexto fideicommissorum Si libertis suis tesseras frumentarias emi voluerit, quamvis maior pars hereditatis in provincia sit, tamen Romae debere fideicommissum solvi dicendum est, cum apparet id testatorem sensisse ex genere comparationis.

D. 5, 1, 52, 1.

STELLVERTRETUNG
BEI SCHULDVERHÄLTNISSEN

Gaius libro nono ad edictum provinciale Nam et plerique pueros puellasque tabernis praeponunt.

D. 14, 3, 8.

Ulpianus libro vicensimo octavo ad edictum De quo

INHABERMARKEN

Paulus im 14. Buch seiner Gutachten: Die Titia wollte letztwillig, daß dem Seius eine Getreideanweisungsmarke für die Zeit nach dem 30. Tag von ihrem Tode an verschafft werde. Ich frage, ob dem Seius, wenn er bei Lebzeiten der Erblasserin eine solche Marke durch ein reines Vorteilsgeschäft erhalten hat, aber die Leistung nicht erlangen kann, in diesem Fall ein Anspruch zusteht. Paulus gab das Gutachten: dem fraglichen Berechtigten muß der Wert der Getreideanweisungsmarke geleistet werden, da ein solches Vermächtnis mehr in der Sachleistung als in dem Gegenstand als solchen besteht.

Ulpian im 6. Buch der Fideikommisse: Wenn (ein Erblasser) wollte, daß seinen Freigelassenen Getreideanweisungsmarken gekauft werden sollen, so muß, auch wenn der größere Teil der Erbschaft in der Provinz sich befindet, darauf hingewiesen werden, daß das Vermächtnis gleichwohl in Rom zu erfüllen ist, da dies aus der Art der Verschaffungspflicht offensichtlich die Absicht des Erblassers gewesen ist.

STELLVERTRETUNG
BEI SCHULDVERHÄLTNISSEN

Gaius im 9. Buch zum Provinzialedikt: Die meisten pflegen zur Leitung ihrer Ladengeschäfte junge Leute und Mädchen aufzustellen.

Ulpian im 28. Buch zum Edikt: Bezüglich dessen

palam proscriptum fuerit, ne cum eo contrahatur, is
praepositi loco non habetur... Proscribere palam sic
accipimus claris litteris, unde de plano recte legi possit, ante tabernam scilicet vel ante eum locum in
quo negotiatio exercetur, non in loco remoto, sed in
evidenti. litteris utrum Graecis an Latinis? puto secundum loci condicionem, ne quis causari possit ignorantiam litterarum. certe si quis dicat ignorasse se
litteras vel non observasse quod propositum erat, cum
multi legerent cumque palam esset propositum, non
audietur. Proscriptum autem perpetuo esse oportet.

D. 14, 3, 11, 2.

Ulpianus libro quarto disputationum ut puta de
Italico patrimonio quosdam servos miserat in provin-
ciam, forte Galliam, ad exigendum debitum vel ad
merces comparandas, recursuros, si comparassent:
dubium non est, quin debeat dici ad Italicum patri-
monium eos pertinere debere.

D. 28, 5, 35, 3.

TIERSCHADEN

Ulpianus libro octavo secimo ad edictum Si quadru-
pes pauperiem fecisse dicetur, actio ex lege duodecim

öffentlich angekündigt war, daß mit ihm kein Geschäftsabschluß (mit Wirkung gegen den Ankündiger) stattfinden darf, der wird nicht als Vertreter angesehen ... Die öffentliche Ankündigung muß in deutlichen Buchstaben erfolgen, so daß man sie von ebener Erde aus gut lesen kann, z. B. vor dem Laden oder dem Geschäftsstand, nicht aber in einem abgelegenen Raum, sondern deutlich sichtbar. In Griechisch oder Latein? Das kommt, wie ich glaube, auf die Beschaffenheit des Ortes an, damit sich niemand auf die Unkenntnis der Schrift hinausreden kann. Wenn jemand sagt, er habe nicht lesen können oder den Anschlag nicht beachtet, obwohl viele dies lasen und der Anschlag öffentlich war, so wird er sicherlich damit nicht gehört. Der Anschlag muß aber ständig da sein ...

Ulpian im 4. Buch seiner Erörterungen: Angenommen, von seinen Gütern in Italien hat jemand Sklaven in die Provinz geschickt, etwa nach Gallien, um eine Schuld beizutreiben oder zum Einkauf von Waren mit der Weisung, schleunig zurückzukehren, wenn sie dies ausgeführt hätten, so muß man ohne Zweifel sagen, daß diese Sklaven dem in Italien befindlichen Vermögen zugehören.

TIERSCHADEN

Ulpian im 18. Buch zum Edikt: Wenn ein vierfüßiges Tier Schaden angerichtet haben soll, so besteht ein Klagerecht nach Zwölftafelrecht. Dieses Gesetz wollte,

tabularum descendit: quae lex voluit aut dari id quod nocuit, id est id animal quod noxiam commisit, aut aestimationem noxiae offerre.

D. 9, 1, 1.

P a u l u s libro vicensimo secundo ad edictum Si quis aliquem evitans, magistratum forte, in taberna proxima se immisisset ibique a cane feroce laesus esset, non posse agi canis nomine quidam putant: at si solutus fuisset, contra.

D. 9, 1, 2, 1.

SICHERHEITSGEFÄHRDUNG

U l p i a n u s libro vicensimo tertio ad edictum Praetor ait: 'Ne quis in suggrunda protectove supra eum locum, quo vulgo iter fiet inve quo consistetur, id positum habeat, cuius casus nocere cui possit. Qui adversus ea fecerit, in eum solidorum decem in factum iudicium dabo. Si servus insciente domino fecisse dicetur, aut noxae dedi iubebo.'

D. 9, 3, 5, 6.

UNERLAUBTE HANDLUNGEN

U l p i a n u s libro quadragensimo secundo ad Sabinum

daß entweder die schädliche Sache ausgeliefert werden muß, also das Tier, das die Schaden bringende Handlung ausführte, oder, daß der angerichtete Schaden geschätzt und diese Summe dem Geschädigten angeboten wird.

Paulus im 22. Buch zum Edikt: Wenn jemand, um einem anderen aus dem Weg zu gehen, etwa einem Beamten, im nächsten Laden verschwindet und dort von einem scharfen Hund gebissen wird, glauben einige, daß wegen des Hundes nicht geklagt werden kann; war aber der Hund nicht an der Kette, gilt das Gegenteil.

SICHERHEITSGEFÄHRDUNG

Ulpian im 23. Buch zum Edikt: Der Prätor bestimmt: „Niemand darf am Vordach oder Wetterdach, das über den Platz hinausragt, wo unten ein öffentlicher Weg führt oder wo man sich aufhält, etwas aufstellen, dessen Herunterfallen jemand Schaden zufügen könnte. Wer dagegen handelt, gegen den werde ich nach Lage des Falles ein Prozeßverfahren gewähren auf Zahlung von 10 Goldstücken. Sollte ein Sklave ohne Wissen des Herrn derlei gemacht haben, werde ich anordnen, daß er (auch) zur Sühneleistung (dem Kläger) übergeben werden kann."

UNERLAUBTE HANDLUNGEN

Ulpian im 42. Buch zu Sabinus: Beim Aquilischen Gesetz (Haftung wegen Körperverletzung und Sach-

In lege Aquilia et levissima culpa venit.

D. 9, 2, 44.

P a u l u s libro decimo ad Sabinum si defendendi mei causa lapidem in adversarium misero, sed non eum, sed praetereuntem percussero, tenebor lege Aquilia: illum enim solum qui vim infert ferire conceditur, et hoc, si tuendi dumtaxat, non etiam ulciscendi causa factum sit.

D. 9, 2, 45, 4.

U l p i a n u s libro octavo decimo ad edictum Proculus ait, si medicus servum imperite secuerit, vel ex locato vel ex lege Aquilia competere actionem.

D. 9, 2, 7, 8.

G a i u s libro septimo ad edictum provinciale Idem iuris est, si medicamento perperam usus fuerit. sed et qui bene secuerit et dereliquit curationem, securus non erit, sed culpae reus intellegitur.

D. 9, 2, 8.

U l p i a n u s libro octavo decimo ad edictum Si calicem diatretum faciendum dedisti, si quidem imperitia fregit, damni iniuria tenebitur: si vero non imperitia fregit, sed rimas habebat vitiosas, potest esse excusatus: et ideo plerumque artifices convenire solent,

beschädigung) ist schon die geringste Fahrlässigkeit von Belang.

P a u l u s im 10. Buch zu Sabinus: Wenn ich, um mich zu verteidigen, auf meinen Gegner einen Stein werfe, aber nicht ihn, sondern einen Vorübergehenden treffe, falle ich unter das Aquilische Gesetz. Denn ich darf nur den treffen, der mir Gewalt antut, und dies nur, um mich zu schützen, nicht auch, um Rache zu nehmen.

U l p i a n im 18. Buch zum Edikt: Proculus sagt, wenn ein Arzt einen Sklaven nachlässig operiert hat, besteht ein Anspruch aus Dienstvertrag oder aus dem Aquilischen Gesetz.

G a i u s im 7. Buch zum Provinzialedikt: Ebenso ist es, wenn er ein falsches Heilmittel anwendet; aber auch dann, wenn er zwar eine Operation sachkundig vornahm, darnach aber die Behandlung aufgegeben hat, wird er nicht haftfrei sein, sondern wegen Fahrlässigkeit herangezogen.

U l p i a n im 18. Buch zum Edikt: Wenn du einen Becher mit durchbrochener Arbeit zur Reparatur gegeben hast und er wird durch Nachlässigkeit zerbrochen, so ist Haftung wegen Sachbeschädigung gegeben. Wird er aber zerbrochen, ohne daß Nachlässigkeit vorliegt, sondern weil etwa Sprünge mit Fehlern vorhanden waren, so kann der andere Teil entschuldigt sein. Aus diesem Grund pflegen meist Kunst-

cum eiusmodi materiae dantur, non periculo suo se facere, quae res ex locato tollit actionem et Aquiliae.

D. 9, 2, 27, 29.

U l p i a n u s libro octavo decimo ad edictum Si ex plostro lapis ceciderit et quid ruperit vel fregerit, Aquiliae actione plostrarium teneri placet, si male composuit lapides et ideo lapsi sunt.

D. 9, 2, 27, 83.

MITWIRKENDES VERSCHULDEN

U l p i a n u s libro octavo decimo ad edictum Item Mela scribit, si, cum pila quidam luderent, vehementius quis pila percussa in tonsoris manus eam deiecerit et sic servi, quem tonsor habebat, gula sit praecisa adiecto cultello: in quocumque eorum culpa sit, eum lege Aquilia teneri. Proculus in tonsore esse culpam: et sane si ibi tondebat, ubi ex consuetudine ludebatur vel ubi transitus frequens erat, est quod ei imputetur: quamvis nec illud male dicatur, si in loco periculoso sellam habenti tonsori se quis commiserit, ipsum de se queri debere.

D. 9, 2, 11.

handwerker sich auszubedingen, wenn ihnen Gegenstände derartigen Materials übergeben werden, daß sie die Arbeit nicht auf ihre Gefahr vornehmen. Ist das der Fall, so besteht Anspruch aus dem Werkvertrag und dieser schließt jenen aus dem Aquilischen Gesetz aus.

U l p i a n im 18. Buch zum Edikt: Fällt von einem Wagen ein Stein herab und zertrümmert oder beschädigt er etwas, so ist dafür zu halten, daß der Wagenführer nach dem Aquilischen Gesetz haftbar ist, wenn er die Steine schlecht aufgeschichtet hat und sie deswegen herabgefallen sind.

MITWIRKENDES VERSCHULDEN

U l p i a n im 18. Buch zum Edikt: Weiterhin schreibt Mela folgendes: Einige spielten Ball und jemand hat etwa allzu heftig den Ball geworfen. Dieser fiel auf die Hand eines Barbiers, dessen Rasiermesser die Kehle des Sklaven, den er gerade behandelte, durchschnitt. Wen hier ein Verschulden trifft, der fällt unter das Aquilische Gesetz. Proculus meint, den Barbier treffe ein Verschulden: und sicherlich, wenn er dort seine Tätigkeit verrichtete, wo man gewöhnlich spielte oder wo ein lebhafter Durchgangsverkehr war, so muß man ihm dies anrechnen. Andererseits ist aber auch folgendes nicht zu beanstanden: wenn sich jemand einem Barbier, der seinen Sitz an einem gefährlichen Ort aufstellt, anvertraut, so muß er sich bei sich selbst beklagen.

P a u l u s libro decimo ad Sabinum Qui foveas ursorum
cervorumque capiendorum causa faciunt, si in itineri-
bus fecerunt eoque aliquid decidit factumque deterius
est, lege Aquilia obligati sunt: at si in aliis locis, ubi
fieri solent, fecerunt, nihil tenentur. Haec tamen actio
ex causa danda est, id est si neque denuntiatum est
neque scierit aut providere potuerit: et multa huiusmodi deprehenduntur, quibus summovetur petitor, si
evitare periculum poterit.

D. 9, 2, 28.

SOGENANNTE ACTIO LIBERA IN CAUSA

U l p i a n u s libro octavo decimo ad edictum Si forni-
carius servus coloni ad fornacem obdormisset et villa
fuerit exusta, Neratius scribit ex locato conventum
praestare debere, si neglegens in eligendis ministeriis
fuit: ceterum si alius ignem subiecerit fornaci, alius
neglegenter custodierit, an tenebitur qui subiecerit?
nam qui custodit, nihil fecit, qui recte ignem subiecit,
non peccavit. quid ergo est? puto utilem competere
actionem tam in eum qui ad fornacem obdormivit
quam in eum qui neglegenter custodit, nec quisquam
dixerit in eo qui obdormivit, rem eum humanam et

P a u l u s im 10. Buch zu **Sabinus:** Wer Fallgruben an-
legt zum Bären- oder Hirschfang, ist nach dem Aquilischen Gesetz haftbar, wenn dies an Wegen geschieht
und etwas dort hineinfällt und beschädigt wird. Erfolgt dies aber an anderen Plätzen, wo dies üblicher-
weise geschieht, besteht keine Haftung. Dieser Anspruch aber wird nur von Fall zu Fall gegeben, also,
wenn man es nicht gekennzeichnet hat oder wenn der
Verletzte nichts davon wissen konnte; und viele Fälle
der Art kommen vor, wo ein Kläger abgewiesen wird,
wenn er in der Lage war, die Gefahr zu meiden.

SOGENANNTE ACTIO LIBERA IN CAUSA

Ulpian im 18. Buch zum **Edikt:** Wenn ein Heizsklave
am Ofen des Pächters eingeschlafen ist und das Land-
haus ist abgebrannt, so schreibt Neratius, daß der aus
dem Pachtvertrag in Anspruch Genommene leisten
müsse, wenn er bei der Auswahl seines Dienstpersonals
nachlässig war. Hat nun der eine den Ofen angeheizt,
ein anderer das brennende Feuer schlecht beaufsich-
tigt, haftet hier der Heizer? Der nämlich, welcher die
Aufsicht führte, hat selbst (mit Bewußtsein) nichts
(Schuldhaftes) getan, derjenige aber, der richtig ein-
geheizt hat, hat nichts verschuldet. Wie ist es nun?
Ich glaube aber, daß ein entsprechender Anspruch sowohl gegen den besteht, der beim Ofen eingeschlafen ist,
wie gegen den, der das Feuer nachlässig beobachtet
hat und niemand wird sagen können, daß ihm durch
das Einschlafen etwas Natürliches und Menschliches
unterlaufen sei, denn er hätte die Pflicht gehabt, zu-

naturalem passum, cum deberet vel ignem extinguere vel ita munire, ne evagetur.

D. 9, 2, 27, 9.

U l p i a n u s libro quinquagensimo sexto ad edictum nulla iniuria est, quae in volentem fiat.

D. 47, 10, 1, 5.

GROBER UNFUG

U l p i a n u s libro trigensimo septimo ad edictum Cum eo, qui pannum rubrum ostendit fugavitque pecus, ut in fures incideret, si quidem dolo malo fecit, furti actio est: sed et si non furti faciendi causa hoc fecit, non debet impunitus esse lusus tam perniciosus: idcirco Labeo scribit in factum dandam actionem.

D. 47, 2, 50, 4.

Erbrecht

P o m p o n i u s libro quinto ad Sabinum Heres in omne ius mortui, non tantum singularum rerum dominium succedit, cum et ea, quae in nominibus sint, ad heredem transeant.

D. 29, 2, 37.

F l o r e n t i n u s libro octavo institutionum Heres quandoque adeundo hereditatem iam tunc a morte successisse defuncto intellegitur.

D. 29, 2, 54.

vor entweder das Feuer zu löschen oder es so zu verwahren, daß es außerhalb keinen Schaden anrichtet.

U l p i a n im 56. Buch zum Edikt: Keine kränkende Handlung liegt dann vor, wenn sie sich gegen jemand richtet, der damit einverstanden war.

GROBER UNFUG

U l p i a n im 37. Buch zum Edikt: Gegen den, der ein rotes Tuch gezeigt hat und damit Vieh verscheuchte zu dem Zweck, daß es in Diebeshand falle, geht die Diebstahlsklage, wenn er dies vorsätzlich getan hat. War dies jedoch nicht der Fall, so darf trotzdem ein so verderblicher Unfug nicht ohne Strafe bleiben. Daher schreibt Labeo, es müsse hier für diesen Fall ein besonderer Klaganspruch gewährt werden.

Erbrecht

P o m p o n i u s im 5. Buch zu Sabinus: Der Erbe tritt in die gesamte Rechtsstellung des Verstorbenen ein, nicht etwa nur in das Eigentum an den einzelnen Sachen; denn auch das, was an Forderungen und Verbindlichkeiten be.teht, geht auf den Erben über.

F l o r e n t i n im 8. Buch seiner Einführung: Wann auch immer der Erbe die Erbschaft antreten mag, vom Tode des Erblassers an nimmt man an, daß er in dessen Rechtsnachfolge eingetreten sei.

M o d e s t i n u s libro secundo pandectarum Testamentum est voluntatis nostrae iusta sententia de eo, quod quis post mortem suam fieri velit.

D. 28, 1, 1.

Legatum itaque est donatio quaedam a defuncto relicta.

Inst. 2, 20, 1.

U l p i a n u s libro trigensimo nono ad edictum Tabulas testamenti accipere debemus omnem materiae figuram: sive igitur tabulae sint ligneae sive cuiuscumque alterius materiae, sive chartae sive membranae sint vel si corio alicuius animalis, tabulae recte dicentur.

D. 37, 11, 1.

F l o r e n t i n u s libro decimo institutionum Unum testamentum pluribus exemplis consignare quis potest idque interdum necessarium est, forte si navigaturus et secum ferre et relinquere iudiciorum suorum testationem velit.

D. 28, 1, 24.

M o d e s t i n u s libro octavo responsorum Quidam in suo testamento heredem scripsit sub tali condicione 'si reliquias eius in mare abiciat': quaerebatur, cum heres institutus condicioni non paruisset, an expellendus est ab hereditate. Modestinus respondit: laudandus est magis quam accusandus heres, qui reliquias testatoris non in mare secundum ipsius voluntatem

M o d e s t i n im 2. Buch seiner Pandekten: Testament ist die in gesetzmäßiger Form bekundete Willensäußerung über das, was wir nach unserem Tod verwirklicht haben wollen.

Vermächtnis ist eine Art Schenkung, die von dem Erblasser hinterlassen ist.

U l p i a n im 39. Buch zum Edikt: Testamentstafeln können aus jeglichem Stoff bestehen, so aus Holz, gleich welchen Materials, oder Papier oder Pergament oder Tierhaut irgendeines Tieres. In allen diesen Fällen spricht man mit Recht von Testamentstafeln.

F l o r e n t i n im 10. Buch seiner Einführung: Ein Testament in mehreren Exemplaren zu errichten ist möglich und dazwischen auch notwendig, so, wenn jemand eine Seereise antritt und sein Testament mit sich nehmen, zugleich aber die Beurkundung seines letzten Willens zu Hause lassen will.

M o d e s t i n im 8. Buch seiner Rechtsgutachten: Jemand hat in seinem Testament einen Erben unter folgender Bedingung eingesetzt: „wenn er seine Überreste ins Meer versenkt". Es fragte sich nun, ob der eingesetzte Erbe, der dieser Bedingung nicht Folge leistete, von der Erbschaft zu entfernen ist. Modestin gab das Gutachten: der Erbe, der entgegen dem Willen des Erblassers dessen Überreste nicht ins Meer versenkt, sondern im Gedenken seines Menschenloses

abiecit, sed memoria humanae condicionis sepulturae
tradidit.   D. 28, 7, 27.

U l p i a n u s libro sexto ad Sabinum Optinuit impos-
sibiles condiciones testamento adscriptas pro nullis
habendas.   D. 35, 1, 3.

KODIZILLE

P a p i n i a n u s libro septimo responsorum Ante tabulas testamenti codicilli facti non aliter valent, quam
si testamento quod postea factum est vel codicillis
confirmentur aut voluntas eorum quocumque indicio
retineatur.

D. 29, 7, 5.

PFLICHTTEIL

P a p i n i a n u s libro quarto decimo quaestionum Nam
etsi parentibus non debetur filiorum heredÌtas propter
votum parentium et naturalem erga filios caritatem:
turbato tamen ordÌne mortalitatis non minus parentibus quam liberis pie relinqui debet.

D. 5, 2, 15.

SOLDATENTESTAMENT; STENOGRAMM

P a u l u s libro undecimo responsorum Lucius Titius miles notario suo testamentum scribendum notis dictavit
et antequam litteris praescriberetur, vita defunctus

dieselben einer Begräbnisstätte einverleibte, ist eher zu loben als zu verurteilen.

U l p i a n im 6. Buch zu Sabinus: Es hat sich einge-bürgert, in einem Testament geschriebene unmögliche Bedingungen als nicht geschrieben anzusehen.

KODIZILLE

P a p i n i a n im 7. Buch seiner Gutachten: Vor der Testamentserrichtung geschriebene formlose Zettel gelten nur dann, wenn sie in dem später errichteten Testament oder in späteren Kodizillen ausdrücklich bestätigt sind, oder wenn der Wille, daß sie aufrecht-erhalten werden sollen, in irgendeinem Anzeichen feststellbar ist.

PFLICHTTEIL

P a p i n i a n im 14. Buch seiner Rechtsfragen: Wenn den Eltern auch nicht die Erbschaft ihrer Kinder ge-schuldet ist mit Rücksicht auf die elterlichen Wünsche und ihre natürliche Liebe zu den Kindern, so muß doch, wenn gegen diese Ordnung der Zeitlichkeit ver-stoßen wird, aus Gründen der Pietät den Eltern wie auch den Kindern etwas hinterlassen werden.

SOLDATENTESTAMENT; STENOGRAMM

P a u l u s im 11. Buch der Gutachten: Der Soldat Lucius Titius hat seinem Geschwindschreiber sein Testa-ment zur Niederschrift als Stenogramm diktiert und starb, bevor es in Kurrentschrift gebracht wurde.

est: quaero, an haec dictatio valere possit. respondi militibus, quoquo modo velint et quo modo possunt, testamentum facere concessum esse, ita tamen, ut hoc ita subsecutum esse legitimis probationibus ostendatur.

D. 29, 1, 40.

VOR- UND NACHERBFOLGE

T r y p h o n i n u s libro octavo decimo disputationum Miles ita heredem scribere potest: 'quoad vivit, Titius heres esto, post mortem eius Septicius'. sed si ita scripserit: 'Titius usque ad annos decem heres esto' nemine substituto, intestati causa post decem annos locum habebit.

D. 29, 1, 41.

SACHVERMÄCHTNISSE: HAUSRAT

P a u l u s libro quarto ad Sabinum Suppellectili legata haec continentur: mensae, trapezophora, delficae, subsellia, scamna, lecti etiam inargentati, culcitae, toralia, imperia, vasa aquaria, pelves, aquiminalia, candelabra, lucernae, trulla. Item vasa aenea vulgaria, id est quae non proprie essent loco adtributa: Praeterea capsae, armaria. sed sunt qui recte putant capsas et armaria, si librorum aut vestium aut armamentorum gratia parata sint, non esse in suppellectili, quia ne hae quidem ipsae res, quibus adtributae essent, suppellectilis instrumento cederent. Vitrea escaria et potoria in supellectili sunt sic ut fictilia,

Ich frage, ob dieses Diktat rechtliche Bedeutung haben kann. Ich gab das Gutachten: Soldaten dürfen, wie sie wollen und können, ein Testament errichten, freilich derart, daß dessen tatsächliche Errichtung durch die gesetzlichen Beweismittel nachgewiesen werden kann.

VOR- UND NACHERBFOLGE

Tryphonin im 18. Buch seiner Untersuchungen: Ein Soldat kann auch folgendermaßen einen Erben bestimmen: „Titius soll mein Erbe sein, solange er lebt; nach seinem Tod soll mein Erbe Septicius sein." Aber auch, wenn er folgendermaßen geschrieben hat: „Titius soll 10 Jahre lang Erbe sein", so wird, wenn er keinen Ersatzerben benannt hat, die Erbfolge kraft Gesetzes nach den 10 Jahren in Kraft treten.

SACHVERMÄCHTNISSE: HAUSRAT

Paulus im 4. Buch zu Sabinus: Unter vermachtem Hausrat ist folgendes inbegriffen: Tische, Tischträger, Prunktische, Sitzbänke, Sofabänke, Bettstellen auch wenn versilbert, Polster, Decken, Ehrensessel, Wassergefäße, Wasserbecken, Waschbecken, Leuchter, Öllampen, Nachtgeschirr. Auch gewöhnliche eherne Gefäße, wenn sie nicht besonders für einen bestimmten Platz bestimmt sind. Ferner Behältnisse, Schränke. Einige aber glauben mit Recht, daß Behältnisse und Schränke, wenn sie für Bücher, Kleidungsstücke oder notwendige Geräte hergestellt sind, nicht zum Hausrat gehören, weil auch die Gegenstände, für welche sie

nec solum vulgaria, sed etiam quae in pretio magno
sunt: nam et pelves argenteas et aquiminalia argentea
et mensas et lectos inargentatos vel inauratos atque
gemmatos in supellectili esse non dubitatur, usque
adeo, ut idem iuris sit et si tota argentea vel aurea
sint. De murrinis et crystallinis dubitari potest an
debeant adnumerari supellectili propter eximium
usum et pretium: sed et de his idem dicendum est.
Nec interest, cuius materiae sunt res, quae sunt in
supellectili.

D. 33, 10, 3.

P a u l u s libro singulari de instrumenti significatione Re-
dae et sedularia supellectili adnumerari solent.

D. 33, 10, 4.

P a u l u s libro quarto ad Sabinum De tapetis quaeri
potest, subsellia cathedraria quibus insterni solent
utrum in veste sint, sicut stragula, an in supellectili,
sicut toralia, quae propria stragulorum non sunt. et
hoc magis placuit ea supellectili contineri. De tapetis autem vel linteis, quibus insternuntur vehicula,
dubitari potest, an sint in supellectili. sed dicendum
est potius instrumenti viatorii ea esse, sicut pelles,
quibus involvuntur vestimenta, lora quoque, quibus
hae pelles constringi solent.

D. 33, 10, 5.

bestimmt sind, nicht zum Hausrat zählen. Glassachen für Eß- und Trinkzwecke gehören zum Hausrat wie irdene, und zwar nicht nur die gewöhnlichen, sondern selbst sehr wertvolle, dann auch silberne Wasserbecken und silberne Waschbecken, ferner Tische und Bettstellen mit Silber oder Gold oder mit Edelsteinen besetzt gehören zweifellos zum Hausrat, ja selbst dann, wenn sie durchaus aus Silber oder Gold beständen. Bezüglich Flußspatgefäßen und Kristallgefäßen kann man zweifeln, ob diese dem Hausrat zugehören wegen ihres ganz außerordentlichen Gebrauchs und Preises; doch auch von diesen gilt dasselbe. Es ist belanglos, aus welchem Material die Hausratsgegenstände sind.

Paulus in der Sonderschrift über die Inventarumgrenzung: Reisewagen und Sitzpolster pflegt man zum Hausrat zu rechnen.

Paulus im 4. Buch zu Sabinus: Bezüglich Teppichen kann man fragen, ob die zum Decken von Armsesseln verwendeten zu den Kleidungsstücken gehören, wie die Reitdecken, oder zum Hausrat, wie Bettdecken, die nicht zu den Reitdecken gehören. Es ist aber zweckmäßiger, Teppiche unter den Hausrat zu zählen. Hinsichtlich der Leinenteppiche, mit denen man die Wagen auslegt, kann man über ihre Zugehörigkeit zum Hausrat zweifeln. Diese gehören besser zu den Reiseinventarstücken, wie auch Felle, in die man Kleidungsstücke einwickelt, und die Riemen, mit welchen man diese Felle zuzuschnüren pflegt.

Papinianus libro septimo responsorum nam et argenteos lectos, item argentea candelabra supellectili cedere posterior aetas recepit: cum et Ulixem ex auro et argento lectum viventis arboris truncis aedificatum ornasse, quem Penelopa recognoscendi viri signum accepit, ut voluit Homerus.

D. 33, 10, 9, 1.

BÜCHER

Ulpianus libro vicesimo quarto ad Sabinum Librorum appellatione continentur omnia volumina, sive in charta sive in membrana sint sive in quavis alia materia: sed et si in philyra aut in tilia (ut nonnulli conficiunt) aut in quo alio corio, idem erit dicendum. quod si in codicibus sint membraneis vel chartaceis vel etiam eboreis vel alterius materiae vel in ceratis codicillis, an debeantur, videamus. et Gaius Cassius scribit deberi et membranas libris legatis: consequenter igitur cetera quoque debebuntur, si non adversetur voluntas testatoris. Si cui centum libri sint legati, centum volumina ei dabimus, non centum, quae quis ingenio suo metitus est, qui ad libri scripturam sufficerent: ut puta cum haberet Homerum totum in uno volumine, non quadraginta octo libros computamus, sed unum Homeri volumen pro libro accipiendum est. Si Homeri corpus sit legatum et non sit plenum, quantaecumque rhapsodiae invenian-

Papinian im 7. Buch der Gutachten: ... auch silberne
Bettstellen und Leuchter gehören zum Hausrat, wie die
spätere Zeit gebilligt hat: hat doch auch Odysseus
sein Bett, das aus Stücken eines lebenden Baumes
bestand, mit Gold und Silber schmücken lassen, und
diesen Hinweis hat Penelope als Zeichen zur Erken-
nung ihres Gemahls erhalten, wie es Homer wollte ...

BÜCHER

Ulpian im 24. Buch zu Sabinus: Unter Büchern ver-
steht man alle Art Rollen und Bände in Papier oder
Pergament oder in irgendeinem Stoff, auch in Linden-
bast oder Lindenholz, wie es manche tun, oder auch
in irgendeinem Leder. Bestehen sie nun in Perga-
mentblättern oder in Papierblättern, Elfenbeinblät-
tern oder in anderem Stoff oder in wachsüberzogenen
Zetteln, so wollen wir sehen, ob man sie als Vermächtnis schuldet. Gaius Cassius schreibt, daß unter
vermachten Büchern auch Pergament geschuldet
werde, infolgedessen auch die anderen genannten Arten, wenn nicht der Wille des Erblassers entgegensteht. Sind jemand 100 Bücher vermacht, werden
wir ihm 100 einzelne Rollen geben, nicht 100, die jemand nach seinem Dafürhalten abgeschätzt hat und
die nach der Niederschrift des Buches genügen könn-
ten: z. B. wenn jemand den Homer ganz in einem Band
hat, rechnen wir dies nicht als 48 Bücher, sondern
als einen Band Homer für ein Buch. War der ver-
machte Homer aber nicht vollständig, so ist nur das
geschuldet, was an Liedern der Dichtung vorgefunden

tur, debentur. Libris autem legatis bibliothecas non
contineri Sabinus scribit: idem et Cassius: ait enim
membranas quae scriptae sint contineri, deinde adie-
cit neque armaria neque scrinia neque cetera, in quibus libri conduntur, deberi.

D. 32, 52.

GRUNDSTÜCKSINVENTAR

U l p i a n u s libro vicesimo ad Sabinum Et molas et
machinas, fenum stipulas, asinum machinarium, ma-
chinam frumentariam, vas aeneum, in quo sapa co-
queretur et defrutum fiat et aqua ad bibendum lavan-
damque familiam paratur, instrumenti esse, et cribra,
et plaustra quibus stercus evehatur ... et Pegasus
ait instrumentum domus id esse, quod tempestatis
arcendae aut incendii causa paratur, non quod voluptatis gratia: itaque neque specularia neque vela,
quae frigoris causa vel umbrae in domo sunt, deberi.
... Canales autem et harpagones et amas instrumento
contineri constat. Item perticae, quibus araneae de-
tergantur, item spongiae, quibus columnae pavimenta
podia extergantur, scalae, quae ad lacunaria admo-
veantur, instrumenti sunt, quia mundiorem domum
reddunt.

D. 33, 7, 12, 10 ff.

wird. Bei Vermächtnis von Büchern sind aber die
Bibliotheken nicht mitverstanden, wie Sabinus aus-
führt und ebenso Cassius: er sagt nämlich, es seien
hier nur die Pergamente vermacht, die beschrieben
sind, und fügte bei, daß weder die Schränke noch die
Kapseln noch alles Übrige, wo die Bücher aufgehoben
werden, geschuldet ist.

GRUNDSTÜCKSINVENTAR

U l p i a n im 20. Buch zu Sabinus: . . . auch Mühlen und
Maschinen, Heu und Stroh, der bei der Maschine
verwendete Esel, die landwirtschaftlichen Maschinen, das eherne Gefäß, in dem Most gekocht und
Mostsaft hergestellt wird und wo das Trink- und
Waschwasser für die Familie bereitgehalten wird,
gehören zum Inventar, ferner die Mehlsiebe und auch
die Mistwagen ... Pegasus sagt, zum Hausinventar
gehöre auch, was zum Schutz gegen Sturm oder
Feuersgefahr aufgestellt ist, nicht jedoch, was nur
dem Vergnügen dient: daher werden (als Inventar)
nicht geschuldet Glasfenster oder Vorhänge, die zum
Schutz gegen Kälte oder als Schattenspender angebracht sind ... Zum Inventar gehören aber bekannt-
lich Wasserröhren, Hacken, Feuereimer. Ferner sind
Inventarstücke: Wedel zum Entfernen der Spinn-
weben, Schwämme zum Reinigen der Säulen, des
Bodens und der Mauervorsprünge, Staffeleien, um an
die getäfelten Decken heranzukommen, weil ihr
Zweck die Reinhaltung des Hauses betrifft ...

SÜSSIGKEITEN

P r o c u l u s libro tertio ex posterioribus Labeonis Cui dulcia legata essent, si nihil aliud testamento significetur, omnia haec esse legata: mulsum passum defrutum et similes potiones, item uvas ficos palmas caricas.   D. 33, 6, 16, 1.

SALBEN, PARFÜM

P o m p o n i u s libro sexto ad Sabinum Unguentis legatis non tantum ea legata videntur, quibus unguimur voluptatis causa, sed et valetudinis, qualia sunt commagena glaucina crina rosa muracolum nardum purum: hoc quidem etiam quo elegantiores sint et mundiores, unguuntur feminae.

D. 34, 2, 21, 1.

DAMENSCHMUCK

U l p i a n u s libro quadragesimo quarto ad Sabinum Ornamenta muliebria sunt, quibus mulier ornatur, veluti inaures armillae viriolae anuli praeter signatorios et omnia, quae ad aliam rem nullam parantur, nisi corporis ornandi causa: quo ex numero etiam haec sunt: aurum gemmae lapilli, quia aliam nullam in se utilitatem habent. mundus mulieris est, quo mulier mundior fit: continentur eo specula matulae unguenta vasa unguentaria et si qua similia dici possunt, veluti lavatio riscus. ornamentorum haec: vittae mitrae semimitrae calautica acus cum margarita, quam mu-

SÜSSIGKEITEN

Proculus im 3. Buch aus der Nachfolge Labeos: Wem Süßigkeiten vermacht sind, ist, wenn im Testament nichts Näheres bestimmt ist, folgendes vermacht: Met, Sekt, Mostsaft und ähnliche Getränke, ferner Trauben, Feigen und getrocknete karische Feigen.

SALBEN, PARFÜM

Pomponius im 6. Buch zu Sabinus: Sind Salben vermacht, sind nicht nur die als vermacht anzusehen, deren wir uns des Vergnügens wegen bedienen, sondern auch jene, welche Gesundheitszwecken dienen. So syrische Salbe, Schöllkrautsalbe, Lilienöl, Rosenöl, Myrrhenöl und reine Narde. Mit diesen Salben behandeln sich die Damen ebenso zur Erhöhung ihrer Eleganz wie zur Verbesserung der Körperpflege.

DAMENSCHMUCK

Ulpian im 44. Buch zu Sabinus: Damenschmuck ist alles, womit sich Damen schmücken; so Ohrgehänge, Handgelenkspangen, Armreifen, Ringe außer Siegelringen und alles, was lediglich zum Körperschmuck verwendet wird. Darunter fällt auch folgendes: Gold, große und kleine Edelsteine, wenn dies alles seiner Art nach keine andere Verwendung hat. Toilettengeräte der Damen dienen der Erhöhung des gepflegten Eindrucks: darunter fallen Spiegel, Waschgeschirr, Salben, Salbdosen und Ähnliches, wie Badegeschirr und Schmuckbehälter. Zum Schmuck insbesondere ge-

lieres habere solent, reticula crocyfantia. sicut et mulier potest esse munda, non tamen ornata, ut solet
contingere in his, quae se emundaverint lotae in bal-
neo neque se ornaverint: et contra est aliqua ex
somno statim ornata, non tamen conmundata. Margarita si non soluta sunt vel qui alii lapides (si quidem exemptiles sint), dicendum est ornamentorum
loco haberi: sed et si in hoc sint resoluti, ut com-
ponantur, ornamentorum loco sunt.

D. 34, 2, 25, 10; 11.

Paulus libro secundo ad Vitellium Titia mundum
muliebrem Septiciae legavit: ea putabat sibi legata
et ornamenta et monilia, in quibus gemmae et margaritae insunt, et anulos et vestem tam coloriam.
quaesitum est, an haec omnia mundo continentur.
Scaevola respondit ex his quae proponerentur dumtaxat argentum balneare mundo muliebri contineri.
Item cum inaures, in quibus duae margaritae elenchi
et smaragdi duo, legasset et postea elenchos eisdem
detraxisset et quaereretur, an nihilo minus detractis
elenchis inaures deberentur: respondit deberi, si maneant inaures, quamvis margarita eis detracta sint.
De alio idem respondit, cum quaedam ornamentum
mamillatum ex cylindris triginta quattuor et tym-
panis margaritis triginta quattuor legasset et postea

hören: Stirnbinden, größere und schmälere Kopfbinden, Gesichtsschleier, Haarnadeln mit Perlenschmuck, wie sie die Damen zu tragen pflegen, Haarnetze und safranfarbige Prunkgewänder. Wie eine Frau wohlgepflegt, nicht aber auch geschmückt sein kann, wie z. B. die, welche sich nach dem Bad zurechtgemacht, sich aber nicht weiter geschmückt haben, so kann es auch umgekehrt sein, daß sich eine Dame nach dem Schlaf sogleich geschmückt hat, es aber an der Körperpflege hat fehlen lassen. Nicht lose Perlen oder andere Edelsteine, selbst wenn sie herausnehmbar sind, gehören zum Schmuck; aber auch dann, wenn sie deswegen auseinandergenommen sind, um wieder eingefügt zu werden, gehören sie dazu.

Paulus im 2. Buch zu Vitellius: Die Titia hat ihre Toilettensachen der Septicia vermacht. Diese war der Ansicht, daß ihr sowohl der Schmuck, als ein Halsband, das mit Edelsteinen und Perlen besetzt war, ferner Ringe und ein Kleidungsstück aus brauner Wolle vermacht seien. Es fragt sich nun, ob dies alles darunterfällt. Scaevola gab das Gutachten: so wie der Fall liege, falle nur das Badesilber unter die Toilettensachen. Als weiter einmal eine Dame Ohrgehänge mit je einer Tropfenperle und einem Smaragd vermacht hatte und darnach die Tropfenperlen wegnahm und man sich fragte, ob trotz der entfernten Tropfenperlen das Ohrgehänge noch geschuldet werde, äußerte er sich gutachtlich dahin: gewiß, wenn man noch von einem Ohrgehänge reden könne, obwohl die Perle darin fehlt. Ein gleiches Gutachten gab er in einem an-

quattuor ex cylindris, etiam sex de margaritis detraxisset.

D. 34, 2, 32, 7—9.

deren Fall: eine Dame hatte einen Busenschmuck
vermacht, der aus 34 zylindrisch geschliffenen Edelsteinen und 34 Paukenperlen bestand, und hatte später 4 von den Edelsteinen und auch 6 von den Perlen
weggenommen.

IV.
RECHTSSCHUTZ

SELBSTHILFEVERBOT

C a l l i s t r a t u s libro quinto de cognitionibus Credi-
tores si adversus debitores suos agant, per iudicem id,
quod deberi sibi putant, reposcere debent: alioquin
si in rem debitoris sui intraverint id nullo concedente,
divus Marcus decrevit ius crediti eos non habere.

D. 48, 7, 7.

AKTIONEN

P a u l u s libro sexagensimo quinto ad edictum Non videtur vim facere, qui iure suo utitur et ordinaria
actione experitur.

D. 50, 17, 155, 1.

U l p i a n u s libro vicesimo sexto ad edictum Non debet actori licere, quod reo non permittitur.

D. 50, 17, 41.

C e l s u s libro tertio digestorum Nihil aliud est actio
quam ius quod sibi debeatur, iudicio persequendi.

D. 44, 7, 51.

KLAGEVERFAHREN

U l p i a n u s libro quarto ad edictum Qua quisque actione
agere volet, eam edere debet: nam aequissimum videtur eum qui acturus est edere actionem, ut proinde
sciat reus, utrum cedere an contendere ultra debeat,

SELBSTHILFEVERBOT

Callistratus im 5. Buch über die' amtlichen Untersuchungen: Wenn Gläubiger gegen ihre Schuldner vorgehen wollen, so müssen sie, was sie glauben fordern
zu können, durch Vermittlung des Richters erlangen.
Sonst werden sie, wenn sie ohne jede Ermächtigung
gegen das Vermögen des Schuldners vorgehen, ihr
Gläubigerrecht verlieren, wie der verewigte Marcus
bestimmt hat.

AKTIONEN

Paulus im 65. Buch zum Edikt: Offensichtlich begeht
der keine gewaltsame Handlung, der sein Recht aus-
übt und mit der vorgesehenen ordentlichen Klage
vorgeht.

Ulpian im 26. Buch zum Edikt: Was man dem Beklagten nicht erlaubt, darf auch dem Kläger nicht gestattet werden.

Celsus im 3. Buch seiner Digesten: Die Klage bedeutet
nichts anderes als die Verfolgung des Rechts, das jemandem geschuldet wird, im Weg des gerichtlichen
Verfahrens.

KLAGEVERFAHREN

Ulpian im 4. Buch zum Edikt: Die Aktion, mit der jemand vorgehen will, muß er kundmachen. Denn es
scheint ganz angemessen, daß der, welcher klagen
will, die Klageart angibt, damit der Beklagte weiß,

et, si contendendum putat, veniat instructus ad agendum cognita actione qua conveniatur. Edere est etiam copiam describendi facere ... eum quoque edere Labeo ait, qui producat adversarium suum ad album et demonstret quod dictaturus est, vel id dicendo, quo uti velit.

D. 2, 13, 1.

VERHANDELN BEIM PRÄTOR

U l p i a n u s libro sexto ad edictum Hunc titulum praetor proposuit habendae rationis causa suaeque dignitatis tuendae et decoris sui causa, ne sine delectu passim apud se postuletur ... Postulare autem est desiderium suum vel amici sui in iure apud eum, qui iurisdictioni praeest, exponere: vel alterius desiderio contradicere ... in quo edicto excepit praetor sexum et casum, item notavit personas in turpitudine notabiles. sexum: dum feminas prohibet pro aliis postulare. et ratio quidem prohibendi, ne contra pudicitiam sexui congruentem alienis causis se immisceant, ne virilibus officiis fungantur mulieres: origo vero introducta est a Carfania improbissima femina, quae inverecunde postulans et magistratum inquietans causam dedit edicto. casum: dum caecum utrisque luminibus orbatum praetor repellit: videlicet quod insignia magistra-

ob er nachgeben oder weiterhin sich weigern soll, und, wenn er das letztere glaubt tun zu müssen, bezüglich der Klage im Bild ist und die Klageart, die sich gegen ihn richten soll, genau kennt. „Kundmachen" bedeutet auch, die Möglichkeit gewähren, sich das Klageformular niederzuschreiben ... Auch der macht nach Labeo kund, der seinen Gegner zur prätorischen Amtstafel führt und ihm zeigt, was er diktieren will oder ihm das angibt, wovon er Gebrauch machen will.

VERHANDELN BEIM PRÄTOR

U l p i a n im 6. Buch zum Edikt: Diesen Titel stellte der Prätor auf mit Rücksicht auf die Wahrung seiner Würde und um seines Ansehens willen, damit nicht ohne Wahl und Ordnung bei ihm verhandelt wird ... Antragstellen bedeutet aber, sein Anliegen oder das seines Freundes an der Amtsstätte bei dem Leiter der Rechtspflege darzulegen oder dem Antrag des Gegners widersprechen ... In diesem Edikt nahm der Prätor das Geschlecht und das Gebrechen aus, ferner kennzeichnete er Personen, die wegen schimpflicher Eigenschaften zu beanstanden sind. Das Geschlecht: indem er Frauenspersonen hindert, für Andere Anträge zu stellen. Der Grund hiefür ist, daß sich Frauen nicht entgegen der ihrem Geschlecht geziemenden Züchtigkeit in fremde Dinge mischen und Angelegenheiten, die den Männern zukommen, ausführen. Den Grund dazu aber gab eine gewisse Carfania, eine ganz boshafte Frauensperson, die unverschämt mit Anträgen auftrat und den Beamten be-

tus videre et revereri non possit. refert etiam Labeo
Publilium caecum Asprenatis Noni patrem aversa
sella a Bruto destitutum, cum vellet postulare.

D. 3, 1, 1.

GÜTLICHER AUSGLEICH

Ulpianus libro tertio decimo ad edictum non tamen
eius factum improbat praetor, qui tanti habuit re
carere, ne propter eam saepius litigaret (haec enim
verecunda cogitatio eius, qui lites exsecratur, non est
vituperanda) . . .

D. 4, 7, 4, 1.

Ulpianus libro tertio decimo ad edictum ad curam
et sollicitudinem suam hanc rem pertinere praetor
putat: non tantum quod studeret lites finiri, verum
quoniam non deberent decipi, qui eum quasi virum
bonum disceptatorem inter se elegerunt . . . quis-
quamne potest negare aequissimum fore praetorem
interponere se debuisse, ut officium quod in se recepit
impleret?

D. 4, 8, 3, 1.

Ulpianus libro octavo decimo ad Sabinum cur enim,
inquit Iulianus, ad arma et rixam procedere patiatur

lästigte und so das Edikt veranlaßte. Das Gebrechen: soweit der Prätor einen auf beiden Augen Erblindeten zurückweist, natürlich, weil er nicht imstande ist, die Abzeichen des Beamten zu erkennen und ihnen Ehrfurcht zu erweisen. Auch erzählt Labeo, daß man den blinden Publilius, den Vater des Asprenas Nonus, als er einen Antrag stellen wollte, so einführte, daß man ihn mit dem Rücken gegen (den Prätor) Brutus Platz nehmen ließ ...

GÜTLICHER AUSGLEICH

Ulpian im 13. Buch zum Edikt: ... Dessen Handeln mißbilligt der Prätor keinesfalls, der eine Sache so gering einschätzt, daß er sie lieber entbehrt, als ihretwegen öfter streiten will. Denn diese bescheidene Denkungsart jemands, der den Streit verabscheut, ist keineswegs zu tadeln ...

Ulpian im 13. Buch zum Edikt: Diese Sache glaubt der Prätor in seine Fürsorge und Behandlung nehmen zu müssen: nicht nur, weil er die Absicht hat, Streitigkeiten zu beenden, sondern auch, weil die, welche ihn gewissermaßen als ehrlichen Streitschlichter unter sich erwählt haben, sich nicht täuschen sollen ... Kann jemand in Abrede stellen, daß es ganz recht und billig sein wird, daß sich der Prätor ins Mittel legen mußte, damit er das Schlichteramt erfüllt, das ihm obliegt?

Ulpian im 18. Buch zu Sabinus: Warum denn, sagt Iulian, soll der Prätor die Parteien zu einem feind-

praetor, quos potest iurisdictione sua componere?

D. 7, 1, 13, 3.

AMTLICHE PRÜFUNG

U l p i a n u s libro octavo ad edictum Sed haec neque passim admittenda sunt neque destricte deneganda, sed a praetore causa cognita temperanda.

D. 3, 3, 13.

S c a e v o l a libro vicensimo octavo digestorum respondit ex personis causisque eum cuius notio sit aestimaturum, an actio danda sit.

D. 44, 7, 61, 1.

U l p i a n u s libro undecimo ad edictum Verba autem edicti talia sunt: 'Quae dolo malo facta esse dicentur, 'si de his rebus alia actio non erit et iusta causa esse 'videbitur, iudicium dabo.'

D. 4, 3, 1, 1.

GERICHTSSTAND

Impp. D i o c l e t i a n u s et M a x i m i a n u s A.A. Alexandro Iuris ordinem converti postulas, ut non actor rei forum, sed reus actoris sequatur; nam ubi domicilium reus habet vel tempore contractus habuit, licet

224

seligen Streit im Prozeß kommen lassen, wenn er sie
mit Hilfe seiner Gerichtsgewalt zur gegenseitigen
Verständigung bringen kann?

AMTLICHE PRÜFUNG

U l p i a n im 8. Buch zum Edikt: Dies aber ist nicht
ohne weiteres zuzulassen noch unter allen Umständen
zu versagen, sondern vom Prätor nach Prüfung des
Sachverhalts abzuwägen.

S c a e v o l a im 28. Buch seiner Digesten: Er gab das
Gutachten, daß derjenige, dem die Entscheidung zu-
kommt, nach Lage der Person und der Sache die Entscheidung zu treffen hat, ob ein Klaganspruch hier
zu geben sei.

U l p i a n im 11. Buch zum Edikt: Die Worte dieses
Ediktes sind: „Was unter Arglist zustande gekommen
sein soll, darüber werde ich ein Prozeßverfahren ge-
währen, aber nur, wenn über diese Dinge eine andere
Prozeßart nicht möglich ist und mir ein ausreichender
Grund nach dieser Richtung vorzuliegen scheint."

GERICHTSSTAND

Die Kaiser D i o k l e t i a n und M a x i m i n i a n an Alexander: Du beantragst, die Rechtsordnung umzukeh-
ren, wenn du meinst, daß nicht der Kläger an das
Gericht des Beklagten, sondern der Beklagte an das
des Klägers zu gehen habe. Denn wo der Beklagte
seinen Wohnsitz hat oder zur Zeit des Vertragsschlus-

postea transtulerit, ibi tantum eum conveniri oportet.

Cod. 3, 13, 2.

VERHANDLUNG VOR DEM KAISER

M a r c e l l u s libro vicesimo nono digestorum Proxime
in cognitione principis cum quidam heredum nomina
induxisset et bona eius ut caduca a fisco vindicaren-
tur, diu de legatis dubitatum est et maxime de his
legatis, quae adscripta erant his, quorum institutio
fuerat inducta. plerique etiam legatarios excludendos
existimabant. quod sane sequendum aiebam, si omnem scripturam testamenti cancellasset. . . . Sententia imperatoris Antonini Augusti Pudente et Pollione
consulibus. 'Cum Valerius Nepos mutata voluntate
'et inciderit testamentum suum et heredum nomina
'induxerit, hereditas eius secundum divi patris mei
'constitutionem ad eos qui scripti fuerint pertinere
'non videtur.' et advocatis fisci dixit: 'Vos habetis
'iudices vestros.' Vibius Zeno dixit: 'Rogo, domine
'imperator, audias me patienter: de legatis quid sta-
'tues ?' Antoninus Caesar dixit: 'Videtur tibi voluisse
'testamentum valere, qui nomina heredum induxit ?'
Cornelius Priscianus advocatus Leonis dixit: 'Nomina
heredum tantum induxit.' Calpurnius Longinus advocatus fisci dìxìt: 'Non potest ullum testamentum va-
'lere, quod heredem non habet.' Priscianus dixit:

226

ses gehabt hat, mag er ihn auch später verändert haben, dort allein darf er verklagt werden.

VERHANDLUNG VOR DEM KAISER

M a r c e l l u s im 29. Buch seiner Digesten: Kürzlich haben sich bei einer amtlichen Sachprüfung des Kaisers, als jemand (ein Erblasser) die Namen der Erben ausgestrichen hatte und infolgedessen die Erbschaft als herrenlos vom Fiskus in Anspruch genommen wurde, lange Zeit wegen der Vermächtnisse Zweifel ergeben und ganz besonders wegen jener Vermächtnisse, die bei denjenigen Namen geschrieben standen, deren Einsetzung gestrichen war. Die meisten waren der Ansicht, daß auch die Vermächtnisnehmer ausgeschlossen seien. Auch ich sagte, daß man dem zu folgen habe, wenn der Erblasser die ganze Niederschrift seines Testaments durchstrichen habe ... Es folgt hier das Urteil des Kaisers Antoninus (Marc Aurel) im Konsulat des Pudens und des Pollio: „Da (der Erblasser) Valerius Nepos seinen Willen geändert hat, in sein Testament einen Einschnitt machte und die Namen der Erben strich, gehört offenbar seine Erbschaft gemäß dem Erlaß Meines göttlichen Vaters nicht an die im Testament schriftlich genannten Personen." Und zu den Fiskalvertretern sagte er: „Ihr habt nun (hier) eure Richter." Nun erklärte Vibius Zeno: „Ich bitte, kaiserlicher Herr, höre mich geduldig an; was wirst du wegen der Vermächtnisse bestimmen?" Der Kaiser Antonin erwiderte: „Scheint dir jemand, der die Namen der Erben gestrichen hat,

'Manumisit quosdam et legata dedit.' Antoninus Caesar remotis omnibus cum deliberasset et admitti rursus eodem iussisset, dixit: 'Causa praesens admittere
'videtur humaniorem interpretationem, ut ea dum-
'taxat existimemus Nepotem irrita esse voluisse, quae
'induxit.'

D. 28, 4, 3.

BEWEISLAST

P a u l u s libro sexagesimo nono ad edictum Ei incum-
bit probatio qui dicit, non qui negat.

D. 22, 3, 2.

U l p i a n u s libro septimo disputationum In exceptioni-
bus dicendum est reum partibus actoris fungi oportere ipsumque exceptionem velut intentionem im-
plere: ut puta si pacti conventi exceptione utatur,
docere debet pactum conventum factum esse.

D. 22, 3, 19.

URTEIL

U l p i a n u s libro primo ad legem Iuliam et Papiam Res

noch den Willen gehabt zu haben, daß das Testament
gelten soll?" Cornelius Priscianus, der Vertreter des
Leo führte aus: „Er hat aber lediglich die Namen der
Erben gestrichen." Der Fiskalvertreter Calpurnius
Longinus erwiderte: „Ein Testament, in dem ein Erbe
nicht eingesetzt ist, kann keinerlei Geltung haben."
Priscianus entgegnete: „Doch er hat einige Sklaven
freigelassen und Vermächtnisse angeordnet." Kaiser
Antonin ließ die Anwesenden sämtlich abtreten, über-
legte den Fall, gab darauf Befehl, sie wieder vorzulas-
sen und verkündete sodann folgende Entscheidung:
„Der gegenwärtige Fall scheint Uns eine billigere Auslegung zuzulassen. Wir sind der Meinung, daß Nepos
lediglich das für ungültig ansehen wollte, was er gestrichen hat."

BEWEISLAST

Paulus im 69. Buch zum Edikt: Demjenigen obliegt
es, den Beweis zu erbringen, der (etwas Rechtserheb-
liches) behauptet, nicht dem, der es leugnet.

Ulpian im 7. Buch seiner Erörterungen: Bei Einreden,
muß man sagen, hat der Beklagte die Rolle eines Klägers und muß selbst seine Einrede wie eine Klage-
behauptung voll dartun: also, wenn er die Einrede
bringt, es sei eine Sondervereinbarung geschlossen
worden, so muß er nachweisen, daß diese Vereinba-
rung zustande gekommen ist.

URTEIL

Ulpian im 1. Buch zum Iulisch-Papischen Gesetz: Das

iudicata pro veritate accipitur.

D. 50, 17, 207.

M o d e s t i n u s libro septimo pandectarum Res iudicata dicitur, quae finem controversiarum pronuntiatione iudicis accipit: quod vel condemnatione vel absolutione contingit.

D. 42, 1, 1.

M a c e r libro secundo de appellationibus Saepe constitutum est res inter alios iudicatas aliis non praeiudicare.   D. 42, 1, 63.

BERUFUNG

U l p i a n u s libro primo de appellationibus Appellandi usus quam sit frequens quamque necessarius, nemo est qui nesciat, quippe cum iniquitatem iudicantium vel imperitiam recorrigat: licet nonnumquam bene latas sententias in peius reformet, neque enim utique melius pronuntiat qui novissimus sententiam laturus est.

D. 49, 1, 1.

AUSSERORDENTLICHER RECHTSSCHUTZ

U l p i a n u s libro undecimo ad edictum Utilitas huius tituli non eget commendatione, ipse enim se ostendit.

nam sub hoc titulo plurifariam praetor hominibus

vel lapsis vel circumscriptis subvenit, sive metu sive

ergangene Urteil muß als Wahrheit angenommen werden.

M o d e s t i n im 7. Buch seiner Pandekten: Urteil nennt man die Entscheidung, die der Richter verkündet und die ein Ende des Streitfalles bringt. Dies kann sowohl bei einer Verurteilung wie bei einem Freispruch (Klagabweisung) der Fall sein.

M a c e r im 2. Buch über die Berufungen: Oft schon ist darauf hingewiesen worden, daß ein zwischen zwei Parteien ergangenes Urteil für andere nicht bestimmend ist.

BERUFUNG

U l p i a n im 1. Buch über die Berufungen: Jedermann weiß wohl, wie häufig und wie notwendig die Übung der Berufung ist, zumal dann, wenn sie Unbilligkeit oder Unkenntnis des Erstrichters wieder gutmachen soll. Freilich kommt es manchmal vor, daß der Berufungsrichter gute Urteile verschlechtert, denn keineswegs ist es immer so, daß der spätere Richter gerade eine bessere Entscheidung trifft.

AUSSERORDENTLICHER RECHTSSCHUTZ

U l p i a n im 11. Buch zum Edikt: Die Zweckmäßigkeit dieses Titels bedarf keiner weiteren Empfehlung, denn sie offenbart sich von selbst. Hier nämlich kommt der Prätor vielfach jenen zu Hilfe, die geirrt haben oder getäuscht wurden, sei es, daß sie durch Furchterregung oder durch Hinterlist oder infolge ihres jugendlichen

calliditate sive aetate sive absentia inciderunt in cap-
tionem, D. 4, 1, 1.

P a u l u s libro primo sententiarum sive per status mu-
tationem aut iustum errorem.

D. 4, 1, 2.

M o d e s t i n u s libro octavo pandectarum Omnes in
integrum restitutiones causa cognita a praetore pro-
mittuntur, scilicet ut iustitiam earum causarum exa-
minet, an verae sint, quarum nomine singulis subvenit.

D. 4, 1, 3.

U l p i a n u s libro undecimo ad edictum A·t praetor:
'Quod metus causa gestum erit, ratum non habebo.'

D. 4, 2, 1.

U l p i a n u s libro undecimo ad edictum Praetor edicit:
'Quod cum minore quam viginti quinque annis natu
'gestum esse dicetur, uti quaeque res erit animad-
'vertam.' D. 4, 4, 1, 1.

Imp. C o n s t a n t i n u s A. ad Andronicum ... Quodsi
pupilli, vel viduae, aliique fortunae iniuria misera-
biles iudicium nostrae serenitatis oraverint, praesertim quum alicuius potentiam perhorrescunt, cogantur
eorum adversarii examini nostro sui copiam facere.

Cod. 3, 14, 1.

Alters oder infolge Abwesenheit einen Rechtsnachteil erlitten,

P a u l u s im 1. Buch seiner Lehrsätze: oder auch durch Veränderung ihres Personenstands oder durch einen entschuldbaren Irrtum.

M o d e s t i n im 8. Buch seiner Pandekten: Alle Wiedereinsetzungen in den vorigen Stand werden vom Prätor unter der Voraussetzung der Untersuchung des besonderen Sachverhalts in Aussicht gestellt, ganz natürlich, um die Berechtigung der Gründe zu prüfen und ihre Wahrheit, um deretwillen er den einzelnen zu Hilfe kommt.

U l p i a n im 11. Buch zum Edikt: Der Prätor bestimmt: „Was unter psychischem Zwang zustande gekommen ist, werde ich nicht für gültig erklären."

U l p i a n im 11. Buch zum Edikt: Der Prätor verkündet im Ed kt: „Was mit jemand, der noch nicht 25 Jahre alt ist, abgeschlossen sein soll, darüber werde ich nach Lage des Einzelfalls befinden."

Kaiser **K o n s t a n t i n** an Andronicus: ... Wenn nicht mannbare Jugendliche oder Witwen und andere durch Ungunst der Verhältnisse beklagenswerte Personen um die Entscheidung Unserer Herrlichkeit gebeten haben, besonders wenn sie vor der überragenden Machtstellung jemandes zittern, sollen deren Gegner gezwungen werden, sich für Unsere Sachprüfung bereitzuhalten.

V.
STRAFRECHT

STRAFZWECKE

U l p i a n u s libro tertio ad legem Iuliam et Papiam poena
est noxae vindicta.   D. 50, 16, 131.

U l p i a n u s libro nono de officio proconsulis poena ad-
fecerunt: quod quidem faciendum est, ut exemplo
deterriti minus delinquant.

                                                       D. 48, 19, 6, 1.

P a u l u s libro octavo decimo ad Plautium poena con-
stituitur in emendationem hominum.   D. 48, 19, 20.

ALLGEMEINE GRUNDSÄTZE

U l p i a n u s libro tertio ad edictum Cogitationis poenam nemo patitur.   D. 48, 19, 18.

U l p i a n u s libro tertio ad legem Iuliam et Papiam poena
non irrogatur, nisi quae quaque lege vel quo alio iure
specialiter huic delicto imposita est.

                                                       D. 50, 16, 131, 1.

M a r c i a n u s libro quarto decimo institutionum sed et
novercae et sponsae personae omissae sunt, sententia
tamen legis continentur.

                                                       D. 48, 9, 3.

M o d e s t i n u s libro duodecimo pandectarum ut insanis
illis parcendum est, si non tale sit delictum, quod vel
ex scriptura legis descendit vel ad exemplum legis
vindicandum est.   D. 48, 4, 7, 3.

STRAFZWECKE

Ulpian im 3. Buch zum Iulisch-Papischen Gesetz: Die Strafe ist die Vergeltung für das Verbrechen.

Ulpian im 9. Buch über das Amt des Prokonsul: ... sie bestraften sie: und dies muß man tun, damit sie durch das Beispiel abgeschreckt sich künftig weniger verfehlen.

Paulus im 18. Buch zu Plautius: Die Strafe wird verhängt zwecks Besserung der Menschen.

ALLGEMEINE GRUNDSÄTZE

Ulpian im 3. Buch zum Edikt: Wegen bloßer Gedanken wird niemand bestraft.

Ulpian im 3. Buch zum Iulisch-Papischen Gesetz: Eine Strafe wird nicht verhängt, außer wenn sie im Gesetz oder in irgendeiner anderen Rechtsvorschrift für diese Straftat besonders angedroht ist.

Marcian im 14. Buch seiner Einführung: Stiefmütter und Verlobte sind zwar in dem Gesetz (über Verwandtenmord) nicht genannt, aber dem Sinn des Gesetzes nach fallen sie darunter.

Modestin im 12. Buch seiner Pandekten: ... Jenen ist wie Geisteskranken entgegenzukommen, außer das Verbrechen wäre ein solches, das im Gesetzestext selbst geregelt oder analog dem Gesetz zu ahnden ist.

Paulus libro quinquagensimo nono ad edictum sane post veterum auctoritatem eo perventum est, ut nemo ope videatur fecisse, nisi et consilium malignum habuerit, nec consilium habuisse noceat, nisi et factum secutum fuerit.

D. 50, 16, 53, 2.

Hermogenianus libro primo epitomarum Interpretatione legum poenae molliendae sunt potius quam asperandae. D. 48, 19, 42.

Marcianus libro secundo de publicis iudiciis Plane in levioribus causis proniores ad lenitatem iudices esse debent. D. 48, 19, 11 pr.

UNTERLASSUNGSVERBRECHEN

Ulpianus libro octavo de officio proconsulis Eadem poena adficitur etiam is qui, cum prohibere tale quid posset, non prohibuit.

D. 48, 10, 9, 1.

Arrius Menander libro tertio de re militari Qui praepositum suum non protexit, cum posset, in pari causa factori habendus est: si resistere non potuit, parcendum ei.

D. 49, 16, 6, 8.

WILLENSMOMENT

Marcianus libro secundo de publicis iudiciis Delin-

P a u l u s im 59. Buch zum Edikt: Nach maßgebender Auffassung der Alten hielt man übereinstimmend dafür, daß offenbar nicht von einer Mitwirkung jemandes bei einer Tat gesprochen werden kann, wenn bei ihm nicht auch ein schlimmer Vorsatz vorlag; auch das Vorhandensein des Vorsatzes allein kann nicht schaden, wenn nicht auch eine Tathandlung erfolgte.

H e r m o g e n i a n im 1. Buch seiner Auszüge: Bei der Gesetzesauslegung sind Strafen eher zu mildern als zu schärfen.

M a r c i a n im 2. Buch über die öffentlichen Verfahren: Besonders bei leichten Fällen müssen die Richter mehr für Milde geneigt sein.

UNTERLASSUNGSVERBRECHEN

U l p i a n im 8. Buch über das Amt des Prokonsul: Die gleiche Strafe (wie bei Münzfälschung) trifft den, der etwas Derartiges hätte verhindern können, es aber unterlassen hat.

A r r i u s M e n a n d e r im 3. Buch zum Militärrecht: Wer seinem militärischen Vorgesetzten nicht zu Hilfe kam, obwohl er es hätte können, ist genau so wie der Täter zu behandeln. Konnte er aber nicht Widerstand leisten, so muß man ihn schonen.

WILLENSMOMENT

M a r c i a n im 2. Buch über die öffentlichen Verfahren:

quitur autem aut proposito aut impetu aut casu.

D. 48, 19, 11, 2.

P a u l u s libro singulari de publicis iudiciis In lege Cornelia dolus pro facto accipitur.

D. 48, 8, 7.

C a l l i s t r a t u s libro sexto de cognitionibus Divus Hadrianus in haec verba rescripsit: 'in maleficiis voluntas spectatur, non exitus'.

D. 48, 8, 14.

KENNTNIS DER STRAFBARKEIT

M a r c i a n u s libro singulari de delatoribus Licet quis
se ignorasse dicat, nihilo minus eum in poenam vecti-
galis incidere divus Hadrianus constituit.

D. 39, 4, 16, 5.

SCHULD-, STRAFAUSSCHLUSS

M o d e s t i n u s libro octavo regularum Infans vel furiosus si hominem occiderint, lege Cornelia non tenentur, cum alterum innocentia consilii tuetur, alterum
fati infelicitas excusat.

D. 48, 8, 12.

U l p i a n u s libro secundo de adulteriis ceterum quae
vim patitur, non est in ea causa, ut adulterii vel
stupri damnetur.   D. 48, 5, 14, 7.

Ein Verbrechen wird begangen mit Absicht, im Affekt oder fahrlässig.

P a u l u s in der Sonderschrift über die öffentlichen Verfahren: Beim Cornelischen Gesetz wird die böse Absicht schon als Straftat behandelt.

C a l l i s t r a t u s im 6. Buch über die amtlichen Untersuchungen: Der göttliche Hadrian hat folgendes Reskript erlassen: „Bei verbrecherischen Handlungen kommt es auf den Willen an, nicht gerade auf den Erfolg."

KENNTNIS DER STRAFBARKEIT

M a r c i a n in der Sonderschrift über die öffentlichen Angeber: Selbst wenn jemand vorbringt, er habe von dem Bestehen der Zollvorschriften nichts gewußt, so ist er doch in die Zollstrafe zu nehmen, wie der göttliche Hadrian bestimmt hat.

SCHULD-, STRAFAUSSCHLUSS

M o d e s t i n im 8 Buch seiner Regeln: Hat ein Kind oder ein Geisteskranker jemanden getötet, so fallen sie nicht unter das Cornelische Mordgesetz; erstere Person ist wegen Nichtvorhandenseins einer verbrecherischen Einsicht, letztere durch die unglückliche Schicksalslage entschuldigt.

U l p i a n im 2. Buch über das Ehebruchsrecht: ... die Frau, der man Gewalt antat, kann nicht wegen Ehebruchs oder Unzucht verurteilt werden.

Ulpianus libro quinquagensimo sexto ad edictum Si quis hominem liberum ceciderit, dum putat servum suum, in ea causa est, ne iniuriarum teneatur.

D. 47, 10, 3, 4.

Ulpianus libro trigensimo septimo ad edictum Furem nocturnum si quis occiderit, ita demum impune feret, si parcere ei sine periculo suo non potuit.

D. 48, 8, 9.

VERSUCH

Marcianus libro quarto decimo institutionum Divus Hadrianus rescripsit eum, qui hominem occidit, si non occidendi animo hoc admisit, absolvi posse, et qui hominem non occidit, sed vulneravit, ut occidat, pro homicida damnandum.

D. 48, 8, 1, 3.

SCHULDNACHWEIS; RECHT DES GEHÖRS

Marcianus libro secundo publicorum neque enim inaudita causa quemquam damnari aequitatis ratio patitur. D. 48, 17, 1.

Ulpianus libro septimo de officio proconsulis sed nec de suspicionibus debere aliquem damnari divus Traianus Adsidio Severo rescripsit: satius enim esse impunitum relinqui facinus nocentis quam innocentem damnari.

D. 48, 19, 5.

U l p i a n im 56. Buch zum Edikt: Hat jemand einen Freien, den er für seinen Sklaven hielt, geschlagen, so kann er nicht wegen Beleidigung herangezogen werden.

U l p i a n im 37. Buch zum Edikt: Hat jemand einen nächtlichen Dieb getötet, wird er dies nur dann straflos getan haben, wenn er ihn ohne Gefahr seiner eigenen Person nicht schonen konnte.

VERSUCH

M a r c i a n im 14. Buch seiner Einführung: Der verewigte Hadrian bestimmte durch Reskript, daß der, welcher einen Menschen tötete, wenn er nicht in Tötungsabsicht handelte, unter Umständen freigesprochen werden kann, daß aber andererseits jemand, der einen Menschen nicht getötet hat, sondern nur in Tötungsabsicht verwundete, wie ein Mörder verurteilt werden soll.

SCHULDNACHWEIS; RECHT DES GEHÖRS

M a r c i a n im 2. Buch der öffentlichen Verfahren: Jemanden zu verurteilen ohne ihn gehört zu haben, verbietet die Rücksicht auf die Billigkeit.

U l p i a n im 7. Buch über das Amt des Prokonsuls: Auf bloße Verdachtsmomente hin jemanden zu verurteilen, geht nicht an, wie der göttliche Traian den Adsidius Severus im Reskript anwies: es sei besser, wenn einmal die Straftat eines Schuldigen ungesühnt bleibt, als wenn man einen Unschuldigen verurteilt.

STRAFZUMESSUNG, STRAFRAHMEN

M a r c i a n u s libro secundo de publicis iudiciis nec enim aut severitatis aut clementiae gloria affectanda est, sed perpenso iudicio, prout quaeque res expostulat, statuendum est.

D. 48, 19, 11.

C l a u d i u s S a t u r n i n u s libro singulari de poenis paganorum Nonnumquam evenit, ut aliquorum maleficiorum supplicia exacerbentur, quotiens nimium multis personis grassantibus exemplo opus sit.

D. 48, 19, 16, 10.

U l p i a n u s libro secundo de adulteriis Iudex adulterii ante oculos habere debet et inquirere, an maritus pudice vivens mulieri quoque bonos mores colendi auctor fuerit: periniquum enim videtur esse, ut pudicitiam vir ab uxore exigat, quam ipse non exhibeat.

D. 48, 5, 14, 5.

M a r c i a n u s libro quarto decimo institutionum Leniendam poenam eius, qui in rixa casu magis quam voluntate homicidium admisit.   D. 48, 8, 1, 3.

TEILNAHME

P a u l u s libro quinto sententiarum Perfecto flagitio punitur capite, inperfecto in insulam deportatur: corrupti comites summo supplicio adficiuntur.

D. 47, 11, 1.

244

STRAFZUMESSUNG, STRAFRAHMEN

M a r c i a n im 2. Buch über die öffentlichen Verfahren:
Weder dem Ruhm der Strenge, noch dem der Milde
ist nachzustreben, sondern für jede Sache ist so, wie
gerade sie es verlangt, die Entscheidung zu treffen
und zwar unter genauer Abwägung des Urteils.

C l a u d i u s S a t u r n i n u s in der Sonderschrift über
die Strafen der Zivilpersonen: ... Dazwischen kommt es
auch vor, daß die Strafen mancher Verbrechen ver-
schärft werden, wenn es nötig ist, ein Exempel zu
statuieren, weil allzuviele Leute einem Laster frönen.

U l p i a n im 2. Buch über das Ehebruchsrecht: Der Richter muß sich beim Ehebruch auch vor Augen stellen
und erforschen, ob der Ehemann anständig lebte und
der Frau gegenüber auch darauf gesehen hat, daß
gute Sitten beachtet werden; denn es muß als ganz
unbillig erachtet werden, wenn der Mann von der
Frau ein sittlich anständiges Benehmen verlangt, wie
er es für seine eigene Person gar nicht verwirklicht.

M a r c i a n im 14. Buch seiner Einführung: Zu ermäßigen ist
die Strafe dessen, der in einem Streit mehr aus Fahrlässigkeit als in böser Absicht einen anderen getötet hat.

TEILNAHME

P a u l u s im 5. Buch seiner Lehrsätze: War das Verbrechen vollendet, wird er mit dem Tode bestraft, sonst
mit Deportation auf eine Insel; die bestochenen Teil-
nehmer aber werden mit der höchsten Strafe belegt.

VERWEIS

P a u l u s libro singulari de officio praefecti vigilum ... aut fustibus castigat eos qui neglegentius ignem habuerunt, aut severa interlocutione comminatus fustium castigationem remittit.

D. 1, 15, 3, 1.

STRAFREGISTER, STECKBRIEFE

C e l s u s libro trigensimo septimo digestorum Illud a quibusdam observari solet, ut, cum cognovit et constituit, remittat illum cum elogio ad eum, qui provinciae praeest, unde is homo est: quod ex causa faciendum est.

D. 48, 3, 11, 1.

U l p i a n u s libro primo ad edictum Eorumque nomina et notae et cuius se quis esse dicat ad magistratus deferantur, ut facilius adgnosci et percipi fugitivi possint (notae autem verbo etiam cicatrices continentur): idem iuris est, si haec in scriptis publice vel in aedes proponas.

D. 11, 4, 1, 8 a.

BEDENKEN GEGEN FOLTERUNG

U l p i a n u s libro octavo de officio proconsulis Quaestioni fidem non semper nec tamen numquam habendam constitutionibus declaratur: etenim res est fragilis et periculosa et quae veritatem fallat. nam plerique patientia sive duritia tormentorum ita tormenta con-

VERWEIS

P a u l u s in der Sonderschrift über das Amt des Wachpräfekten: Der Präfekt . . . läßt die, welche Feuer zu
nachlässig halten, mit Prügeln züchtigen oder er droht
diese Strafe an, erläßt sie aber nach ernstlichem Ver-
weis.

STRAFREGISTER, STECKBRIEFE

C e l s u s im 37. Buch seiner Digesten: Von manchen
pflegt beachtet zu werden, daß (der Statthalter) nach
der Prüfung des Sachverhaltes und der näheren Anordnung (bezüglich des Verhafteten) diesen mit einem
Strafregister zu dem Statthalter der Provinz zurück-
schicken läßt, aus der der Täter stammt. Dies ist nach
Lage des Falls zu veranlassen.

U l p i a n im 1. Buch zum Edikt: Die Namen und Kennzeichen der Flüchtigen (Sklaven) und die Angabe
ihrer Herren sind an die Beamten zu geben, damit
man sie leichter erkennen und festnehmen kann. Unter Kennzeichen fallen auch etwaige Narben. Und
ebenso ist es, wenn derlei schriftlich an einem öffentlichen Platz oder an Gebäuden angeschlagen ist.

BEDENKEN GEGEN FOLTERUNG

U l p i a n im 8. Buch über das Amt des Prokonsuls: Nach
Erklärung kaiserlicher Erlasse darf man dem Ergebnis einer peinlichen Untersuchung nicht immer glauben, andererseits aber auch nicht in gar keinem Fall.
Denn es handelt sich hier um eine Sache, die sehr hin-

temnunt, ut exprimi eis veritas nullo modo possit:
alii tanta sunt inpatientia, ut quodvis mentiri quam
pati tormenta velint: ita fit, ut etiam vario modo
fateantur, ut non tantum se, verum etiam alios cri-
minentur.

D. 48, 18, 1, 23.

GEFÄNGNISWESEN

Imp. Constantinus A. ad Florentium, Rationalem
... Nec vero sedis intimae tenebras pati debebit in-
clusus, sed usurpata luce vegetari, et, ubi nox gemi-
naverit custodiam, vestibulis carcerum et salubribus
locis recipi, ac revertente iterum die, ad primum solis
ortum, illico ad publicum lumen educi, ne poenis car-
ceris perimatur; quod innocentibus miserum, noxiis
non satis severum esse dignoscitur.

Cod. 9, 4, 1.

SICHERNDE MASSNAHMEN

Modestinus libro duodecimo pandectarum Sane si
per furorem aliquis parentem occiderit, inpunitus erit,
... nam sufficere furore ipso eum puniri, diligentius-

fällig und gefährlich ist und geeignet ist, die Wahrheit zu verschleiern. Denn die meisten verachten in geduldiger Ergebung und Abhärtung, was die Folterung betrifft, diese so, daß man ihnen die Wahrheit keineswegs entlocken kann; andere aber sind so empfindlich, daß sie lieber etwas zusammenlügen als Folter ausstehen wollen: und so kommt es, daß sie verschiedentlich etwas zugestehen und damit nicht nur sich, sondern auch andere einer strafbaren Handlung bezichtigen.

GEFÄNGNISWESEN

Kaiser K o n s t a n t i n an den Schatzmeister Florentius:
... Der Verhaftete wird nicht einmal dann, wenn er am innersten Platz untergebracht ist, ständig Dunkelheit zu leiden haben, sondern er kann sich durch den Genuß des Lichts beleben und, wenn während der Nacht die Bewachung verdoppelt wird, hat man ihn in einen Vorraum des Gefängnisses zu verbringen und an einen gesunden Platz und bei Tagesanbruch bei Sonnenaufgang sofort an das helle Tageslicht zu führen, damit niemand durch die Kerkerhaft umkomme; dies wird von Unschuldigen zwar als beklagenswert, von den Schuldigen aber als nicht allzu streng empfunden.

SICHERNDE MASSNAHMEN

M o d e s t i n im 12. Buch seiner Pandekten: Der Geisteskranke, der einen Verwandten aufsteigender Linie getötet hat, bleibt ohne Strafe ... Seine Geisteskrank-

que custodiendum esse aut etiam vinculis coercendum.

D. 48, 9, 9, 2.

EINZELNE VERBRECHEN

M a r c i a n u s libro primo iudiciorum publicorum Divus Severus et Antoninus quendam clarissimum iuvenem, cum inventus esset arculam in templum ponere ibique hominem includere, qui post clusum templum de arca exiret et de templo multa subtraheret et se in arculam iterum referret, convictum in insulam deportaverunt.

D. 48, 13, 12, 1.

M o d e s t i n u s libro duodecimo pandectarum Poena parricidii more maiorem haec instituta est, ut parricida virgis sanguineis verberatus deinde culleo insuatur cum cane, gallo gallinaceo et vipera et simia: deinde in mare profundum culleus iactatur. hoc ita, si mare proximum sit: alioquin bestiis obicitur secundum divi Hadriani constitutionem.

D. 48, 9, 9.

U l p i a n u s libro nono de officio proconsulis Lege Iulia de annona poena statuitur adversus eum, qui contra annonam fecerit societatemve coierit, quo annona carior fiat.

D. 48, 12, 2.

heit ist für ihn Strafe genug. Doch ist er besonders
sorgfältig zu bewachen oder auch in Fesseln zu legen.

EINZELNE VERBRECHEN

M a r c i a n im 1. Buch über die öffentlichen Verfahren:
Die Kaiser Severus und Antoninus haben einen sehr
vornehmen jungen Mann, als man ermittelt hatte,
daß er eine Truhe in einem Tempel hatte aufstellen
und einen Sklaven darin einschließen lassen, der dann
nach Schließung des Tempels aus der Truhe heraus-
kam, viel aus dem Tempel stahl und sich wieder in
die Truhe begab, nach Feststellung seiner Schuld auf
eine Insel deportieren lassen.

M o d e s t i n im 12. Buch seiner Pandekten: Nach Brauch
unserer Vorfahren ist für Aszendentenmord folgende
Strafe eingeführt worden: der Mörder wird mit roten
Ruten gegeißelt, dann in einen Ledersack eingenäht
zusammen mit einem Hund, einem Hühnerhahn, einer
Schlange und einem Affen; daraufhin wird der Sack
in das tiefe Meer geworfen. Dies, wenn das Meer ganz
nahe ist; sonst aber wird er nach Bestimmung des
verewigten Hadrian den wilden Tieren vorgeworfen.

U l p i a n im 9. Buch zum Amt des Prokonsul: Im Iulischen Getreidegesetz wird eine Strafe gegen den bestimmt, der etwas gegen die Getreideversorgung unternimmt oder der eine Gesellschaft (Preiskartell) eingegangen ist, um dadurch das Steigen der Getreide-
preise zu bewirken.

PERSONEN- UND SACHVERZEICHNIS

DER ARZT IM ALTERTUM

Griechische und lateinische
Quellenstücke

Herausgegeben von
Walter Müri

216 Seiten. Karton. 3.50, Leinen 4.50

Das Quellenbuch zur Erkennt-
nis von Wesen und Leistung an-
tiker Heilkunde

Aus dem Inhalt: Aufgabe und Pflichten des Arztes. Am Krankenbett. Die
Krankheit. Chirurgie. Diätetik

Bestellungen bitten wir
nur durch Buchhand-
lungen aufzugeben

Ernst Heimeran Verlag München